Geschichten aus dem
Kundendialog

ccn-stories.de

Ein Projekt des Contact Center Network e.V.

Contact-Center-Network e.V.
Hessen-Homburg-Platz 1 | 63452 Hanau
Tel: +49 6181 9701-0 | Fax: +49 6181 9701-66
E-Mail: info@contact-center-network.de
Web: www.contact-center-network.de

Vorstand:
Markus Grutzeck (Vorsitzender)
Christian Fingerhut (stellvertretender Vorsitzender)
Klaus-J. Zschaage (Schatzmeister)

Realisierung:
Jens Fuderholz (Text), Sven Michel (Projektleitung)
TBN Public Relations GmbH | www.tbnpr.de

Fotos:
Karen Köhler | masterspot.de (17, 25, 35, 44, 55, 77, 89, 98, 102, 103, 104)
Fotolia.de: zhu difeng (1), Robert Kneschke (8, 11, 43, 62, 65, 95), amriphoto.com (1, 13, 33, 40, 50, 97), Vera Kuttelvaserova (20), Matthias Stolt (23), Kzenon (30), rico287 (1, 52), contrastwerkstatt (1, 56, 85), TomS (66), Kurhan (70, 79, 86), Picture-Factory (74), Rido (83)

Das Werk einschließlich aller seiner Teile ist urheberrechtlich geschützt. Jede Nutzung ist ohne Zustimmung des Herausgebers unzulässig. Das gilt insbesondere für Vervielfältigungen, Übersetzungen, Mikroverfilmungen und die Einspeicherung und Verarbeitung in elektronischen Systemen.

Alle Angaben in diesem Buch sind ausführlich und sorgfältig recherchiert. Trotzdem übernimmt der Herausgeber keine Gewähr für ihre Richtigkeit. Markennamen und Warenzeichen sind Eigentum der jeweiligen Markeninhaber.

Inhalt

Hannas verzweifelter Kampf gegen die Datensilos 5

Schluss mit den Lautsprechern 17

Keine Mehrfacheingaben mehr 27

Chefsache Kundenzufriedenheit 37

So verkaufen, dass es keiner merkt 47

Wer telefoniert mit wem? 59

Verirrt 69

Drücken Sie die Eins 79

Chaos, Wetter, Eimer und Ventile 91

Das gibt's doch nicht! 99

Hannas verzweifelter Kampf gegen die Datensilos

Erschöpft starrt Hanna auf den Bildschirm. Die Fenster verschwimmen vor ihren Augen, die leisen Umgebungsgeräusche nimmt sie kaum noch wahr. Es ist, als hätte sie einen langen, schweren Kampf hinter sich gebracht. Und gewonnen. Zumindest zum Schluss. Dabei war der Anruf nur einer von vielen. Gefühlt unzählige Male hatte sie zwischen Produktkatalog, Außendienstterminierung, ERP-System und Kundendatenbank hin und her gewechselt. Dabei war sie nur auf der Suche nach einem kurzfristigen Servicetermin für eine Lichtschranke, die ein wichtiges Tor in einer Fabrik eines der größten Kunden der AUFZU AG steuerte. Wäre die Lichtschranke vorrätig gewesen, wäre alles kein Problem gewesen – aber so musste sie im Gespräch zahlreiche Dinge gleichzeitig koordinieren. Und das unter höchster Anspannung, weil der Kunde wenige Stunden zuvor bereits eine E-Mail geschickt und einen Rückruf erbeten hatte und dieser nicht unverzüglich erfolgt war. Der Kunde war dementsprechend ungeduldig. Sie seufzt und beschließt, sich erst einmal einen frischen Kaffee zu holen: „‚emotional und prozessual fordernd nennt man diese Art von Gesprächen wohl", murmelt sie vor sich hin.

In der Kaffeeküche trifft sie auf Walter, Betriebsrat und Abteilungsleiter der IT-Abteilung der AUFZU, und Robert, den strategischen Leiter der Servicecenter der Firma. Sie sind gerade dabei, die notwendigen IT-Investitionen der kommenden Monate bei einer Tasse Kaffee durchzugehen. „Das ist die Gelegenheit", denkt Hanna, und drückt auf den Knopf, um sich einen großen Cappuccino mit extra Zucker zu machen. Sie nimmt ihre Tasse und lehnt sich an die Küchen-

Hanna

ist eine Mitarbeiterin im Inbound Team.

zeile, um dem Gespräch der beiden zu lauschen. Es geht um Cloud-Services und die Erneuerung der Zutrittskontrolle. Nach einigen Minuten hebt Robert irritiert den Kopf, blickt Hanna an und fragt: „Hanna, brauchst Du einen von uns?" Hanna nickt: „Ja, Robert. Euer Gespräch hat mich darauf gebracht, Euch mal zu fragen, ob wir nicht die vielen Datenquellen irgendwie vereinheitlichen können?" Sie schaut müde. „Ich habe vorhin 15 Minuten mit einem unserer großen Kunden am Telefon an der Organisation eines kurzfristigen Servicetermins vor Ort gearbeitet. Wenn ich alle Informationen in einem System gehabt hätte, hätte das Gespräch nur drei bis vier Minuten gedauert und ich hätte den Kunden nicht immer wieder vertrösten müssen, dass ich gerade nach Infos suche."

Robert nickt: „Ja, ich verstehe deinen Punkt. Mit einem CRM System wäre es vielleicht auch möglich, dass ich Auftragseingänge, Produktionsstände und -termine und am besten noch einen aktuellen Status bei der Auftragsgenerierung nach A-, B- und C-Kunden gestaffelt in einem einzigen Report zusammengefasst bekomme." Er blickt Walter erwartungsvoll an: „Sollen wir das Projekt CRM-Einführung in diesem Geschäftsjahr angehen?"

Walter winkt ab: „Mit der SAP-Einführung haben wir schon alle Datensilos soweit wie möglich transparent gemacht. Mehr geht da nicht, ohne dass der ganze Laden einige Monate stillsteht. Selbst wenn du mir ein Budget dafür besorgst – ich habe keine Leute, um dieses Mammut-Projekt zu stemmen." Er hält inne und streckt den Rücken durch. „Wir sind IT-seitig ziemlich gut aufgestellt. Vielleicht müssten wir in den Schulungen noch einmal nacharbeiten, wenn die Informationsarchitektur in den Systemen nicht verständlich ist. Also kein IT-Projekt, sondern ein Trainingsprojekt."

Robert beschließt, sich den von Hanna geschilderten Fall näher anzusehen. „Hanna, komm doch gegen zwei mal in mein

Büro. Ich würde mir das gerne näher erklären lassen."

Beim Mittagessen sammelt Hanna mit ihrer Kollegin Gudrun noch ein paar Argumente für das Gespräch. Verfügbarkeit von Informationen ist das zentrale Thema für die beiden. Auch eine bessere Unterstützung der Gespräche würden sie sich wünschen. „Schließlich kommt es nur ganz selten vor, dass mal jemand etwas am Telefon will, was wir noch nie hatten", sinniert Gudrun. Und für Robert sind es wohl die Auswertungen, die für ihn wichtig sind.

Schon fünf Minuten vor der Zeit ist Hanna vor Roberts Büro. Sie klopft, tritt ein und findet Robert über einem großen Ausdruck gebeugt vor. „Was ist das?" fragt sie ihn und setzt sich an den kleinen Besprechungstisch in seinem Zimmer. „Das sind die Prozessdiagramme der IT, die habe ich mir vorhin von Walter geben lassen. Ich versuche gerade rauszufinden, wie unser Vertriebsprozess in der IT eigentlich abgebildet ist. Aber ich befürchte, da kann ich lange auf diese Papiere starren. Das hat wohl noch keiner so richtig gemacht." – „Vertriebsprozess?" fragt Hanna. „Klar, schließlich muss sich doch mal jemand Gedanken gemacht haben, wie wir eigentlich unsere Tore und Zubehörteile verkaufen. Das muss doch irgendwo aufgeschrieben sein und kann doch nicht nur in euren Köpfen stecken und durch das vorgegeben sein, was die IT-Landschaft hier so hergibt."

Zuerst schreiben Hanna und Robert genau auf, was alles hätte anders sein müssen in dem Telefonat am Vormittag. Und dann beschriften sie viele Flipchart-Zettel, wie ein Prozess vom ersten Kontakt über den Außendienstbesuch, die Einordnung ins richtige Kundensegment bis zur Bestellung aussehen müsste. Sie strukturieren und beschreiben die ersten Prozesse. „Wow", ruft Hanna auf einmal. Sie steht am anderen Ende des Raumes und betrachtet die vielen Flipchart-Bögen, die an der Wand hängen. „Jetzt brauchen wir nur noch eine Software, die genau diese Prozesse abbilden kann", freut

Robert
ist der Strategische Leiter der
Servicecenter der AUFZU AG.

sie sich. „Sachte, wir haben jetzt nur über Inbound im B2B als Folge von Werbekampagnen gesprochen", beschwichtigt Robert. „Wir haben ja noch viele weitere Prozesse." Er blickt auf die Uhr und bedeutet Hanna, dass ihr Gespräch zu Ende ist. „Hanna, ich hab noch einen Termin. Aber das hier ist, glaube ich, wirklich wichtig. Danke für deine tolle Mitarbeit, ich nehme unsere Ideen mit in mein nächstes Gespräch mit dem Chef. Da bleiben wir jetzt dran."

Vier Tage später. Robert sitzt bei Reimund Hornegger, dem Vertriebsvorstand von AUFZU. „Herr Hornegger, wie viele Berichte bekommen Sie von Marketing, Vertriebsinnendienst, Außendienst und dem Servicecenter jede Woche auf den Tisch?" – „Mindestens vier." – „Wie viel Zeit braucht es, um die alle zu lesen?" fragt Robert. Hornegger grinst: „Na, wenn ich das alles lese, bin ich damit schon locker drei Stunden beschäftigt. Mach ich aber nicht. Deshalb haben wir ja diese Jour fixe Termine – damit ich mir von euch Bereichsleitern erzählen lasse, was ansteht." – „Würden Sie ein Dashboard anschauen, das im Intranet mit wenigen anschaulichen Kennzahlen sagt, wie wir in den einzelnen Bereichen stehen?" schiebt Robert nach und ist sich sicher, dass er die Antwort schon kennt. „Klar. Aber warum wollen Sie das alles wissen?" Robert erklärt die Probleme, die Hanna berichtet hat, klagt über fehlende Vertriebsprozesse und die mangelnde Transparenz der Marketing- und Sales-Reports. Hornegger hört zu und stellt viele Verständnisfragen. Die letzte Frage hat es dann in sich: „Wie groß ist der Effizienzgewinn, wenn wir alles das umsetzen?"

Robert zögert. „Dreißig bis fünfunddreißig Prozent", sagt er und fixiert Hornegger. „Wir beschäftigen in unseren Sales- und Serviceteams 27 FTEs. Selbst wenn wir die Produktivität nur um 20 Prozent steigern, bringen wir dann eine zusätzliche Vertriebspower von fünf FTEs. Das ist aus meiner Sicht überzeugend." Hornegger schaut aus dem Fenster seines etwas in die Jahre gekommenen Büros im achten Stock.

Hornegger
ist Vorstand für Vertrieb, Service und Marketing der AUFZU AG.

Er schweigt. Robert weiß, dass jedes Telefonklingeln jetzt das Ende des Nachdenkens und damit auch das jähe Ende seines Projekts wäre. Die Minuten verstreichen. Das Telefon bleibt stumm. Hornegger schaut immer noch gebannt aus dem Fenster. Schließlich dreht er sich um. „Robert, gehen wir es an. Legen Sie mir doch bitte bis Montag einen groben Projektplan vor, suchen Sie sich ein paar Leute aus dem Marketing und der IT, um das Projekt auf den Weg zu bringen. Und: Holen Sie sich einen Berater, der sich mit dem Thema auskennt und eine belastbare Kalkulation mitbringen kann."

Euphorisch verlässt Robert den achten Stock. Hanna ist für das Team gesetzt. Walter auch. Alex aus dem Marketing will er auch noch fragen. Mit ihm sind es dann vier Personen, mit denen gemeinsam er ein neues CRM-System einführen und die alten Datensilos endlich überwinden will. Im Büro angekommen setzt er gleich eine E-Mail auf und lädt zum Kick-off-Termin zwei Tage später. Beschwingt geht er am Abend nach Hause.

Den Abend verbringt er nicht wie gewöhnliche Dienstag-Abende mit seiner Fußballmannschaft, sondern er ruft Markus Grutzeck an – einen alten Studienfreund, den er aus den Augen verloren hat, der aber wohl heute als ausgewiesener CRM-Experte gilt. „Markus, ich hab heute ein CRM-Projekt auf den Weg gebracht. Hast du Lust, das Projekt zu begleiten?" fällt er gleich mit der Tür ins Haus noch bevor die beiden die üblichen Höflichkeitsfloskeln austauschen und die vergangenen Jahre zumindest im Schnelldurchgang Revue passieren lassen können.

Markus sitzt gerade beim Abendessen mit der Familie. Er freut sich, dass Robert sich meldet. „Robert, lass uns doch morgen früh bei einem Frühstück ins Detail gehen", verschiebt er den Redeschwall des Freundes auf den nächsten Morgen.

Um 9.00 Uhr treffen sich Robert und Markus in einem Café in der Nähe des AUFZU-Hauptquartiers. Markus stellt viele Fragen nach Vertriebsprozessen, IT-Infrastruktur, Datenbanken, Warenwirtschaft, ACD-Anlage und lässt sich das Geschäft der Vertriebs- und Serviceteams von AUFZU haargenau erklären. Auf zahlreiche Fragen hat Robert zunächst keine Antwort. Langsam dämmert ihm, dass es noch ein langer Weg sein wird, bis das CRM-System wirklich umfassend arbeiten kann. Markus erklärt Robert, wie er vorgehen will: „Wir beginnen mit den Vertriebsprozessen. Die erarbeiten wir im Projektteam und stimmen die danach mit allen beteiligten Entscheidungsträgern ab. Auf dieser Basis könnt Ihr die CRM-Systeme evaluieren und danach dann die Anforderungen für das Customizing aufschreiben." Robert stöhnt: „Das kann ja dauern. Unsere IT ist doch jetzt schon Land unter." Markus lächelt: „Mein Lieber, Du hast den großen Vorteil, dass der Wunsch nach einem neuen System aus dem Team gekommen ist. Und wenn du Hanna als Botschafterin für das Projekt gewinnst, ist ein ganz wichtiger Schritt schon getan – du hast Akzeptanz im Team geschaffen. Das ersetzt zwar keine Schulungen, ist aber doch die halbe Miete", versucht er Robert aufzubauen.

In den folgenden Wochen trifft sich das Projektteam in regelmäßigen Sitzungen mit Markus. Nachdem Hornegger das Budget für Beratung, Konzeption und Implementierung abgesegnet hat, werden zunächst die Vertriebsprozesse entwickelt. Während in den Meetings immer alle ganz engagiert mitarbeiten, kann Robert zwischen den Terminen nur auf Markus und Hanna zählen. Walter und Alex sind zu keiner Arbeit zwischen den Terminen zu bewegen – zu beschäftigt sind sie mit den alltäglichen To-dos. Kritisch wird es als Markus die Aufgaben verteilen will, die einzelnen spezifischen Abläufe im bereits ausgewählten CRM-System zu erstellen. Dieses sogenannte Customizing überfordert das Projektteam. So bleibt es an Markus, die Feinjustierung im System aufzusetzen und alle Vertriebsprozesse 1:1 im System umzusetzen.

Wenige Monate später – das Geschäftsjahr neigt sich dem Ende entgegen – ist dann endlich der Roll-out. Robert schläft die Nacht vor dem großen Tag nicht viel. Dabei ist das System auf Herz und Nieren getestet, die Datenbestände sind über Nacht aktualisiert worden und alle Schnittstellen zu anderen Systemen sind viele Male getestet worden. Auch die Systemschulungen liegen hinter den Teams.

Der Tag beginnt für alle eine Stunde früher mit einem gemeinsamen Frühstück. Auch Hornegger lässt sich blicken: „Meine Damen und Herren, wir haben Silos aufgebrochen und Ihnen steht jetzt eine einzige, einfache und ausgeklügelte Software zur Verfügung, mit der wir alle und zwar wirklich alle Vertriebsprozesse in diesem Unternehmen abbilden können. Die Idee dazu kommt von Robert und er hat mit Markus einen Berater gefunden, der dieses Projekt hat Wirklichkeit werden lassen. Ihnen beiden vielen Dank." Robert hebt seine Kaffeetasse und ergänzt: „Dass dieses Projekt so schnell und reibungslos gelaufen ist, verdanken wir zunächst einmal Hanna. Sie hat die Herausforderung erkannt und mich vom Potenzial eines CRM-Systems überzeugt. Wir haben jetzt ein System, das uns allen denselben Datenpool zur Verfügung stellt. Wir beginnen heute mit unserem Kontaktmanagement und neuen Reporting-Tools. Die Routenplanung und die Außendienststeuerung werden wir in den kommenden Wochen integrieren. Und im dritten Schritt wird das Marketing alle seine Kampagnen über das CRM System aussteuern, sodass wir jede Mail, die ein Kunde von uns bekommen hat, sofort in der Kundenhistorie sehen können."

Nach dem Frühstück bleibt das CRM Projektteam noch ein wenig zusammen sitzen. „Leute, wir haben einen großen Schritt nach vorn gemacht. Als nächstes werden wir dem Außendienst die Excel-Tabellen wegnehmen und endlich völlige Transparenz in der gesamten Organisation schaffen. Das wird noch einmal ein ordentliches Stück Überzeugungsarbeit",

Markus
ist CRM-Profi und Geschäftsführer von Grutzeck Software.

schwört Robert das Team auf die anstehenden Aufgaben ein. Hanna und Robert sehen sich an. Hanna lächelt. Sie freut sich auf die nächsten Wochen an der Seite von Robert.

Schluss mit den Lautsprechern

Gudruns Magen verkrampft. Sie atmet tief, schließt die Augen und konzentriert sich. „Jetzt bloß nicht aus der Ruhe bringen lassen", denkt sich die ansonsten resolute Mittfünfzigerin, die als Vertriebsassistentin beim Tor-Hersteller AUFZU arbeitet. Dann setzt sie ihr Gespräch fort. „Ja, am Donnerstag um 8.30 Uhr ist unser Kollege für das Aufmaß dann bei Ihnen vor Ort", bestätigt sie noch schnell den Termin, bevor sie das Gespräch beendet. Sie steht auf und holt sich einen frischen Kaffee.

Dabei muss sie direkt an ihm vorbeigehen. Ihr graust es ein wenig davor und dann hört sie es schon wieder: „Moin Moin Herr Schulte. Schön, dass ich Sie gleich erreiche", dröhnt Harrys sonore Stimme laut durch den Raum. Sie sieht, dass auch die 21 anderen Kolleginnen und Kollegen ihres Teams bei jedem „Moin" zusammenzucken. Dabei ist Harry ein echt netter Kerl, seit drei Monaten ist der frühere Außendienstler nun im Servicecenter. Und jeder Tag ist für Gudrun und das ganze Team eine neue Herausforderung.

„Moin Moin" ist allerdings nur der Anfang. Wenn Harry sich in Rage redet und die vielen technischen Vorzüge der AUFZU-Lösungen am Telefon mit viel Energie und Einsatz anpreist oder wenn er mit einem Kunden das Scherzen beginnt – dann steigert sich seine Lautstärke so, dass das gesamte Team schließlich Kunden am Telefon anschreien muss, um überhaupt noch verstanden zu werden. „Harry muss weg", beschwert die Kollegin Frauke sich in der kleinen Kaffeeküche im zweiten Stock. Gudrun wird blass. Was sie noch mehr belastet, ist Mobbing. Und Fraukes Bemerkung löst bei

Gudrun

ist Vertriebsassistentin.

Gudrun sofort Unbehagen aus. Sie beschließt, noch einmal mit Robert, dem strategischen Leiter der Servicecenter, zu sprechen. Es muss doch eine Lösung geben. Vielleicht kann Harry ja ein Einzelbüro bekommen.

„Guten Morgen Gudrun, was kann ich für Dich tun", begrüßt Robert seine langjährige Mitarbeiterin. Wenn Gudrun das direkte Gespräch mit ihm sucht, muss etwas schieflaufen, realisiert Robert schnell. „Harry telefoniert so laut und ist auch nicht zugänglich, wenn wir ihm das sagen", erklärt Gudrun. „Mittlerweile ist die Stimmung im Team so schlecht, dass die ersten Harry auf jeden Fall loswerden wollen. Diese Lautstärke ist echt schwierig und die Spannungen im Team machen mich krank."

Robert nickt. Er kennt Harry schon lange und schätzt dessen verkäuferisches Talent. Harry ist das Teammitglied mit den besten Verkaufszahlen. Seine joviale und etwas laute Art kommt bei den Kunden im direkten Gespräch bestens an. Aber Robert ist auch schon aufgefallen, dass Harry am Telefon eine mitunter unerträgliche Lautstärke entwickelt. Selbst die Kommunikation mit dem Kunden am Telefon leidet darunter. Von der Lärmbelastung im Team ganz zu schweigen.

„Können wir Harry nicht in einen extra Raum setzen?", fragt Gudrun. Robert schüttelt nachdenklich den Kopf. Das Servicecenter belegt schon jetzt jeden Zentimeter im zweiten Stock. Einzig ein Abstellraum ohne Fenster wäre als Ausweichfläche vorhanden. Gudrun schaut Robert erwartungsvoll an. Sie sieht ihm an, dass er über ihre Idee mit dem Einzelbüro nachdenkt. „Nein, im Abstellraum können wir Harry nicht unterbringen – der hat kein Fenster", resigniert er. „Ich habe keine Idee, wie wir Harry zur Räson bringen", räumt Robert ein und verpricht, noch einmal über eine Lösung nachzudenken.

Der Tag zieht sich in die Länge. Die Stimmung im Team

droht heute zu kippen. Frauke verschanzt sich immer wieder mit anderen Kolleginnen und Kollegen in der Kaffeeküche. Später sieht Gudrun, wie eine Liste im Team kursiert, auf der anscheinend Unterschriften gesammelt werden, um Harry loszuwerden. Auch Harry bemerkt, dass etwas nicht stimmt. Das führt allerdings nur dazu, dass er noch lauter telefoniert, noch weniger Pausen macht. Die Situation spitzt sich zu.

Pünktlich um 17.00 Uhr schaltet die ACD automatisch auf den Anrufbeantworter. Der Tag geht zu Ende. Gudrun geht nach Hause. Nach dem Abendessen sitzt sie auf dem Sofa und denkt an Harry. Sie greift zum Telefon. Vielleicht macht es Sinn, außerhalb der Firma mit Harry über den Lärm und die Stimmung im Team zu reden. Aber Harry ist nicht erreichbar. Sie nimmt ihr neues Tablet und beginnt im Internet zu surfen. ‚Lärm im Callcenter' ist der Suchbegriff, unter dem sie sich Rat erhofft. Sie findet hunderte Seiten mit wertvollen Tipps über Raumgestaltung, Headsets, Lärmampeln, Dämmmaterial, Schallabsorber, Sprechtraining und SoundMasking. Anscheinend ist ihr Problem mit Harry kein unbekanntes.

Irgendwann fällt ihr auf, dass draußen vor dem Fenster die ersten Vögel zwitschern. Ein Blick auf die Uhr gibt ihr Gewissheit. Es ist kurz vor 4.00 Uhr. Sie hat seit dem Abendessen Seite für Seite im Netz gelesen und dabei völlig die Zeit vergessen. Sie legt das Tablet zur Seite und fasst einen Plan. Sie will das Team vor dem völligen Zerwürfnis retten. Sie legt sich für einige Stunden schlafen – schließlich soll der nächste Tag besser werden als die Tage und Wochen zuvor.

Der Wecker klingelt. Sie macht sich schnell zurecht, verzichtet auf das Frühstück und holt sich auf dem Weg ins Büro einen Kaffee im Coffee-Shop neben dem Büro. Nach und nach kommen auch die Kolleginnen und Kollegen an. Nur Frauke und Harry fehlen noch. Harry kommt sehr pünktlich, würdigt das Team keines Blickes und setzt sich gleich ans Telefon. Frauke hat sich krank gemeldet. Am Vorabend muss es

noch einen heftigen Streit auf dem Firmenparkplatz gegeben haben. Dabei sind Frauke und Harry heftig aneinander geraten. Frauke hat Harry mit ihrer Unterschriftenliste gedroht und wollte Harry eine Kündigung nahelegen. Harry hat Frauke mangelnde Fairness und Mobbing vorgeworfen und auf seine guten Verkaufszahlen verwiesen. Die Streithähne sind dann mit diesem offenen Konflikt heimgegangen.

Gudrun weiß, dass sie keine Zeit zu verlieren hat. Sobald sie Robert sieht, stürmt sie auf ihn zu und bittet ihn in sein Büro. Sie schließt die Tür und zieht einen Zettel mit einer Internet-Adresse aus der Tasche. „Robert, es gibt Lösungen: gute Headsets, einen VoiceCoach für Harry und wenn das alles nicht reicht, können wir sogar SoundMasking einsetzen. Das alles ist gar nicht so teuer", erklärt sie. „Und womit fangen wir an?" fragt Robert überrascht, dass Gudrun gleich mit ganz konkreten Lösungsvorschlägen kommt. „Wir brauchen jemanden, der uns sagt, was wir tun sollen. Und zwar möglichst schnell", sagt Robert, dem nicht entgangen ist, warum Frauke heute fehlt. „Ich rufe mal bei ProCom-Bestmann an", sagt Gudrun.

Am nächsten Tag fehlt Frauke immer noch. Harry tut so, als wäre nichts gewesen, und Gudrun freut sich auf den Mitarbeiter von ProCom-Bestmann, der sich gleich zu einem Besuch am Vormittag bereit erklärt hat.

Schon als Dominik im zweiten Stock aus dem Aufzug tritt, ahnt er, was ihm bevorsteht. Für den Headset-Spezialisten ist die Geräuschkulisse, die ihm den Gang herunter entgegenkommt nichts Ungewohntes. Gudrun zeigt Dominik das Servicecenter und bleibt ganz absichtlich in Harrys Nähe. Dominik lässt sich die Headsets zeigen und notiert sich seine Eindrücke. Wenig später sitzt Dominik mit Gudrun und Robert zusammen, schildert seine Eindrücke und skizziert einen Weg, die Geräuschkulisse im Servicecenter in den Griff zu bekommen. „Wir beginnen mit Harry, Eurem notorischen

Dominik
berät zum VoiceCoach und sorgt für die richtigen Headsets.

Lautsprecher. Der bekommt gleich einen VoiceCoach. Mit diesem kleinen Gerät, das zwischen Telefon und Headset gestöpselt wird, kann Harry künftig seinen Stimmeinsatz kontrollieren. Er sieht sofort, wenn er zu laut ist. Er sieht aber auch, wenn er zu leise ist, denn eine sogenannte MPC-Funktion, ein ‚Microphone Position Control', überprüft den richtigen Sitz des Mikros."

„Zu leise? Das kommt bei Harry bestimmt nicht vor", wirft Gudrun lachend ein. „Stimmt", pflichtet Dominik bei. „Aber einige andere Kolleginnen und Kollegen habe ich gesehen, die ihr Headset nicht richtig eingestellt hatten – die Mikrofonkapsel war zu weit vom Mund entfernt. Das führt dazu, dass der Gegenüber am Telefon nicht alles mitbekommt, nachfragt und der Mitarbeiter dann zwangsläufig doch immer lauter spricht. Das können wir ändern."

„Und so einen VoiceCoach haben Sie gleich dabei?" fragt Robert. „Ja, aber ich habe noch einen Punkt, über den ich gerne sprechen würde. Über die Headsets. Eure Headsets sind monaural, d.h. sie decken nur ein Ohr ab. Besser auf das Gespräch konzentrieren kann man sich mit binauralen Headsets. Die neuen Headsets verfügen in der Hörkapsel auch über Active Noise Cancelling, filtern also Störgeräusche raus." „Und dann herrscht wieder Ruhe im Team?" fragt Gudrun.

„Ja, bei Euren baulichen Gegebenheiten müsste das eigentlich reichen. In vielen Fällen setzen wir noch SoundMasking ein, um eine Geräuschkulisse in den Raum hineinzubringen, die es dem Einzelnen erlaubt, sich besser auf sein Gespräch zu konzentrieren. Aber das wird hier nicht nötig sein."
„SoundMasking, was ist das?" will Robert wissen. Dominik beschreibt, wie mit kleinen Lautsprechern im Raum eine Soundkulisse erzeugt wird, die die Sprachverständlichkeit der benachbarten Plätze deutlich verringert und den einzelnen Mitarbeiter in einem Soundbett eintauchen lässt.

„Jetzt zeige ich Euch und Harry einmal, wie die Sprachampel VoiceCoach funktioniert", schreitet Dominik zur Tat. „Gerne", erwidert Robert und bittet Dominik vorher noch, ein detailliertes Angebot für neue Headsets für das Team zu erstellen. Denn er ist überzeugt, dass diese Kombination die Zerwürfnisse in seinem Servicecenter beseitigen kann.

Harry staunt nicht schlecht, als er sich plötzlich Dominik, Gudrun und Robert gegenübersieht. „Was gibt's?" dröhnt er etwas irritiert. Dominik greift in die Tasche und holt ein kleines Gerät hervor, kaum größer als eine Zigarettenschachtel. Er trennt das Headset vom Telefon, stöpselt es in das Gerät und verbindet das Gerät, den VoiceCoach, schließlich mit dem Telefon. Eine Pegelanzeige schlägt aus und zeigt die Betriebsbereitschaft an. Einige Sekunden braucht Dominik für die Einstellung und dann zeigt er Harry, was das Gerät kann. Der Lautstärkepegel zeigt Harry ab sofort an, wenn er zu laut ist.

Harry reagiert überrumpelt: „Ach, und damit werde ich ab sofort kontrolliert? Hängt so ein Ding dann auch bei Robert im Büro und der kann sehen, wie laut ich bin?" „Nein", beruhigt Dominik, „das ist Dein persönliches Feedback. Du kontrollierst selbst, wie laut Du bist." Robert will gerade beginnen, seine Zweifel zu äußern, als Harry signalisiert wird, dass ein erbetener Rückruf eines Kunden auf ihn wartet. Er greift zum Headset und nimmt das Gespräch entgegen. Ungläubig schaut er immer wieder auf die Anzeige und probiert, seine Stimme anzupassen. Diese Versuche bleiben nicht lange unbeobachtet. Plötzlich stehen einige Kollegen um Harrys Schreibtisch herum. Fasziniert betrachten sie, welche Veränderung dieses kleine, unscheinbare Gerät hervorruft. Nach vier Minuten beendet Harry das Gespräch, einige Kollegen beginnen leise zu klatschen.

Nach einigen Tagen hat sich die Stimmung im Team merklich gebessert. Harry nutzt sein Feedback, seine Stimme zu schonen. Und auch Frauke hat sich wieder mit Harry versöhnt. Eines Morgens steht ein frischer Kaffee und ein Croissant an Harrys Arbeitsplatz, mit einem kleinen Post-it mit einem Smiley und dem Wort ‚Sorry'. Fraukes Art, sich bei Harry zu entschuldigen. Insgesamt hat Robert drei VoiceCoaches bei Dominik bestellt – die werden alle paar Tage im Team weitergereicht, um allen ein persönliches Feedback zu geben. Mit den neuen Headsets, die Dominik bei seinem zweiten Besuch verteilt und einrichtet, ist die Geräuschkulisse nun so, dass Robert manchmal sein Büro verlässt, um nachzusehen, ob überhaupt noch jemand auf der anderen Seites des Flurs arbeitet. Und immer wieder freut er sich dann über die ruhige Betriebsamkeit und eine ganz neue Kollegialität im Team.

Keine Mehrfacheingaben mehr

Wieder einer dieser Dienstage. Eigentlich hat Robert gute Laune. Ein lauer Frühlingsmorgen. Die Sonne schaut an einigen Stellen bereits durch den Hochnebel, als sich der Servicecenter-Leiter auf den Weg zur Arbeit macht. Wäre da nicht das Status-Meeting um 10.00 Uhr. Jeden Dienstag sorgt dieser wiederkehrende Termin dafür, dass Robert schlecht schläft. Passen die Kennzahlen wirklich? Sind Gesprächsdauer, Prozesskosten und Informationsstand der Mitarbeiter auf einem ordentlichen Niveau? Wie jede Woche ist er auch in dieser Nacht mehrmals hochgeschreckt, hat das Laptop noch einmal hochgefahren und die Zahlen der aktuellen mit denen der Vorwoche verglichen. Die Zahlen stimmen.

„Guten Morgen, Robert. Na, heute wieder um 10.00 Rapport beim Erbsenzähler", begrüßt ihn Eva, seine Teamleiterin, lachend. Eva ist die Teamleiterin im Outbound-Team des Tor-Herstellers AUFZU mit der längsten Erfahrung. Seit fast 20 Jahren ist sie im Unternehmen – immerhin 11 Jahre länger als Robert selbst. Sie lacht immer über die Kennzahlenorientierung des Vorstands. „Kundenzufriedenheit spürst Du im Bauch!" ist ihr liebster Satz, wenn es darum geht, das vorhandene System verschiedenster Kennzahlen zu optimieren.

Diesen Spott und Evas Verachtung ausgeklügelter Kennzahlensysteme kennt Robert schon. Er weiß aber auch, dass er mit Evas Attitüde nie Leiter dieser Serviceeinheit geworden wäre.

Mit einem schnellen Blick auf die Intraday-Planung und die Dashboards der ACD begibt sich Robert an seinen Schreibtisch. Gerade läuft eine Kampagne für das Ruhrgebiet: Eine

Eva

ist eine erfahrene Teamleiterin im Outbound bei AUFZU.

Garagentor-Sommeraktion mit 30 Prozent Rabatt auf das günstige Einsteigermodell. Mit einem Gewinnspiel und einer Postwurfsendung in den Siedlungen zwischen Dortmund und Duisburg hatte AUFZU in den vergangenen Wochen 12.000 Adressen generiert, die es nun zu telefonieren gilt. Zwei Outbound-Teams hat Robert im Einsatz, in drei Wochen soll die Kampagne abgeschlossen sein. Und die ersten Zahlen für die Außendienstterminierung sehen auch gut aus. Mit einigen Klicks verschafft er sich einen Überblick – er hat insgesamt acht Außendienstler zusammengezogen, um die Termine noch im laufenden Quartal zu Aufträgen umwandeln zu können. Es scheint alles wunderbar zu funktionieren.

Siegessicher tritt er um kurz vor 10.00 Uhr seinen Weg in den achten Stock an. Im Aufzug trifft er auf einen Besucher, der auch in die Vorstands-Etage fährt. Komisch, auf dem Parkplatz war ihm vorhin nur der Mercedes des Vertriebsvorstands aufgefallen. Es keimt Hoffnung auf: „Na, mein Termin heute wird kürzer ausfallen als gedacht. Der Chef hat Besuch." Höflich lässt Robert dem Besucher den Vortritt. Und der wird auch gleich vom Chef persönlich am Aufzug abgeholt: „Herzlich willkommen, Herr Schacht, kommen Sie hier lang, ich lasse Ihnen gleich einen Kaffee bringen." Nicht weniger freundlich wendet sich Reimund Hornegger dann Robert zu, der sich am Chef vorbei in das Vorzimmer schieben wollte: „Kommen Sie auch gleich mit, Robert, heute machen wir aus unserem Status-Jour-fixe eine etwas größere Runde." Robert wird flau im Magen. Werden sich alle seine Befürchtungen jetzt bewahrheiten?

Hornegger wirkt in seinem holzgetäfelten Büro immer ein wenig wie ein Fremdkörper. Der Endfünfziger ist fit wie ein Turnschuh, läuft Marathon in seiner Freizeit und verbreitet eine Energie im Raum, die nicht so recht zum etwas biederen Ambiente des mittelständischen Traditionsunternehmens zu passen scheint. Und heute läuft er zur Bestform auf: Strahlend verteilt er Kaffee, weist auf den Obstkorb hin und stellt

Robert den Besucher vor. „Das ist Attikus Schacht, den ich vor einiger Zeit auf einem Kongress kennengelernt habe. Mit seinen Kollegen begleitet er Servicecenter Organisationen bei Veränderungsprozessen. Ich dachte mir, so ein externer Blick auf uns könnte uns nicht schaden. Deshalb hab ich ihn eingeladen. Was meinen Sie, Robert?" Robert weiß, die Frage ist rein rhetorisch. Er lächelt zaghaft in die Runde und versucht möglichst überzeugend zu wirken: „Ja, aber unsere Zahlen stimmen doch. Unsere aktuelle Kampagne läuft ganz prima – wir werden die Außendienst-Teams komplett verplanen." – „Ach kommen Sie, Robert, wie gut stehen wir denn wirklich da? Was sagen uns die Zahlen denn schon? Sprechen die Zahlen wirklich zu uns oder ist es nicht vielmehr so, dass wir in diese ganzen Zahlen das reininterpretieren, was wir haben wollen?", lässt Hornegger nicht locker.

Robert läuft langsam rot an. Er hebt an, die Leistung seiner perfekt aufgestellten Mannschaft zu verteidigen, als Schacht interveniert. „Meine Herren, tun Sie doch einfach so, als wäre ich gar nicht da. Ich höre einfach einmal bei Ihrem Status-Meeting zu. Vielleicht habe ich danach ein paar Fragen. Lassen Sie uns doch einfach loslegen." Robert atmet auf. Dieser Berater hat ihn gerade davor bewahrt, einen Fehler zu machen und sich mit dem Chef anzulegen. Er beginnt zu berichten.

„Wir haben die AHT von 2,48 nun auf 2,44 senken können. Die gesamte Prozessdauer ist allerdings mit 6,35 in der aktuellen Kampagne etwas höher als die 4,40 in den anderen Kampagnen. Besonders erfreulich ist, dass der Net Promotor Score wieder leicht gestiegen ist und..." Da unterbricht ihn Schacht. Der Berater runzelt die Stirn und bittet darum, das letzte Chart noch einmal ansehen zu dürfen. „Bei einer Senkung der AHT und einer verlängerten Prozessdauer stimmt doch was mit der Vorbereitung oder Nacharbeit nicht", stellt er nachdenklich fest. Hornegger ist die Freude sofort anzusehen: Der Berater hat etwas gefunden. „Und, Herr Schacht,

was denken Sie? Was müssen wir tun?"

Schacht überlegt nicht lange, sondern bittet darum, sich die laufende Kampagne einmal anhören zu dürfen. Gemeinsam machen sich die drei auf den Weg ins Servicecenter. Im zweiten Stock angekommen, gibt es ein großes Erstaunen auf den Gesichtern der Mitarbeiterinnen und Mitarbeiter. Hornegger lässt sich nur selten im Outbound-Team blicken. Und wenn, dann verheißt das meist nichts Gutes. Entsprechend reserviert reagiert auch Eva auf den ungebetenen Besuch. „Ins Gespräch hineinhören und ein paar Calls begleiten? Das stört doch nur den Ablauf", quittiert sie missmutig die Aufforderung Roberts, ein zweites Headset zu besorgen.

Freundlich fragt Schacht eine Kollegin, ob er sich neben sie setzen darf. Gesagt, getan: Er setzt sich, nimmt sich das Headset und lauscht. Hornergger verschwindet kurz darauf wieder, nicht ohne Robert noch einmal kumpelhaft in die Seite zu boxen und zu raunen „Passen Sie gut auf – da können Sie noch richtig was lernen." Insgesamt bleibt Schacht eine Stunde und hört sich neun Gespräche an. Am Ende bietet er Robert und Eva um ein kurzes Gespräch: „Ich habe neun Gespräche begleitet. Dabei waren sechs Terminvereinbarungen und drei Vertragsschlüsse. Zunächst einmal großes Kompliment an das Team – die Quote der Abschlüsse ist überragend. Und die längere Prozessdauer kann ich auch erklären. Ich hatte mir schon so etwas gedacht."

Robert und Eva schmeichelt das Lob des Beraters. Und sie wird neugierig auf das, was jetzt kommt

„Ihre Mitarbeiter telefonieren auf der Basis der Kampagnendaten in ihrer Callcenter-Software. Die Terminvereinbarungen machen sie dann in der Routenplanungssoftware für den Außendienst und Bestellungen geben sie gleich in das ERP-System ein. Drei Software-Lösungen, zwischen denen die Mitarbeiter immer hin und her schalten müssen. Und

Attikus
kennt alle Facetten des Service und berät bei der Prozessoptimierung.

können Sie sich vorstellen, warum die Prozessdauer in dieser Kampagne so auffällig lang ist?" fragt er die beiden herausfordernd.

Robert und Eva schauen sich an und schütteln den Kopf. „Manchmal hat man halt einen schlechten Tag", wirft Eva ein. „Ich denke nicht, dass es da Optimierungs-Möglichkeiten gibt."

Schacht lächelt und rechnet vor: „12.000 Calls. Wenn wir nur in diesem aktuellen Projekt die Prozessdauer um eine Minute verkürzen könnten, sind das 12.000 Minuten. Kostet das Unternehmen jede Arbeitsminute 65 Cent, sind das 7.800,00 Euro. Wenn Sie diese Zahl auf alle Gespräche Ihres 28-köpfigen Teams und aufs Jahr hochrechnen – wo landen Sie da ungefähr? „Das sind ja über 180.000 Euro", rutscht es Robert heraus.

„Super – dass heißt doch nur, dass jeder Dritte hier arbeitslos wird", wird Eva langsam wütend. „Diese ganze Rationalisierung geht mir auf den Keks. Wir machen hier gute Arbeit, sorgen für volle Auftragsbücher und dann kommen Sie daher und sorgen für schlechte Stimmung, erhöhen den Druck und sorgen dafür, dass die Arbeit keinen Spaß mehr macht. Und Hornegger sitzt im achten Stock, zählt seine Millionen und träumt davon, den nächsten Marathon unter 3.30 zu laufen."

Schacht blickt ernst und fährt ruhig fort. „Die Prozessdauer hat sich in dieser Kampagne verlängert, weil die Stammdaten der Kunden mehrfach in verschiedene Systeme eingegeben werden müssen. Und bei den vielen Namen der Menschen mit ihren Wurzeln in aller Herren Länder, ist das nicht fehlerfrei zu machen. Daher die lange Nacharbeit." Eva schüttelt zweifelnd den Kopf, aber der Berater fährt unbeirrt fort: „Aber was wäre, wenn die Mitarbeiter diese Daten nur einmal eingeben müssten? Eine kleine Software überträgt die Daten aus der Adressqualifizierung im Kampagnen-Tool automatisch in die Außendienstplanung und legt im ERP automatisch einen Kunden an. Das spart viele lästige und fehleranfällige Doppeleingaben und erleichtert die Arbeit doch ungemein. Sie können sich auf den Kunden konzentrieren, und nicht auf die IT. Und: es bleibt mehr Zeit für andere Themen, für Schulungen oder Weiterbildung, für andere Projekte."

Eva nickt. „Meinetwegen – machen Sie ein IT-Projekt draus. Dann ändert sich hier erstmal nichts." Sie rufen Hornegger dazu, der den Berater beauftragt, nach einer wirtschaftlichen Lösung zu suchen, die schnell umsetzbar ist.

Eine Woche später lädt Schacht Eva, Robert und Hornegger zu einem nahegelegenen Callcenter-Dienstleister ein, einem anderen Kunden der Berater. Er präsentiert dort eine schlanke Software-Lösung, die dort zum Einsatz kommt. Einmal auf dem Rechner installiert, überwacht sie die Tastatureingaben und füllt ähnlich- oder gleichlautende Felder in allen Softwareanwendungen automatisch aus. Nach den Berichten dieses Unternehmens, hat diese Lösung zu einer bemerkenswerten Verbesserung der Prozessdauer in allen Projekten geführt.

Die Mitarbeiter haben plötzlich den Kopf frei und sind richtig angetan von der Lösung. Die gewonnene Zeit wird in echte Beratung und in Trainings investiert. Schon auf dem Rückweg zu AUFZU ist klar: „Das wollen wir auch!" fasst Eva die Begeisterung zusammen. Für die Implementierung braucht das Team gerade einmal 15 Tage. Eine Zeit, in der die Berater, Robert und Eva sich regelmäßig treffen und zu einer kleinen, kraftvollen Task Force zusammenwachsen. Die Mitarbeiter ihrerseits freuen sich von Tag zu Tag mehr darüber, dass ihnen die Maschine die lästigen Eingaben von Stammdaten und Kontoinformationen abnimmt.

Hornegger genießt es fortan, die Berater von Schacht Consulting in allen Abteilungen mit direktem Kundenkontakt auf die Suche zu schicken. Sie begeistern Mitarbeiter für den Wandel und heben zahlreiche Optimierungspotenziale. Bei alledem bleibt Hornegger genug Zeit, seine Marathon-Zeit um einige Minuten zu verbessern.

Chefsache Kundenzufriedenheit

Einmal im Monat kümmert sich Hornegger persönlich um Kunden. Die Idee dazu hatte er vor einigen Monaten in einer Managementzeitschrift gelesen: Kundenzufriedenheit in der Organisation verankern funktioniere am besten, wenn auch der Vorstand das Thema aktiv lebt. Und so lässt sich Vertriebs- und Marketingvorstand Reimund Hornegger einmal im Monat von Robert, seinem Servicecenter-Leiter bei der mittelständischen AUFZU AG, 20 Beschwerdefälle auf den Tisch legen und greift selbst zum Telefon, um verärgerte Kunden wieder „einzufangen", wie er es meist nennt. Die Gespräche sind meist kurz und erfolgreich. Sie verlaufen meist nach demselben Schema: Allein die Tatsache, dass sich der Vorstand meldet, führt schon dazu, dass Kunden ein positives Erlebnis haben. Und wenn Hornegger dann ein wenig beim Preis nachlässt oder eine schnelle Problemlösung verspricht, sind die Kunden in der Regel wieder glücklich. Doch heute ist einiges anders als sonst.

„Ich habe mich bei Ihnen beschwert, weil der Mitarbeiter am Telefon völlig gehetzt und inkompetent war", berichtet schon der erste, den Hornegger ans Telefon bekommt. „Sie müssen ja einen Druck im Team aufbauen", beschwerte sich der zweite Kunde, „Ihre Mitarbeiterin hat mir kaum zugehört, dann das falsche Ersatzteil auf den Weg gebracht." Die weiteren Gespräche verliefen ähnlich: Hektik, fehlende Kompetenz und abrupte Gesprächsbeendigungen, die als überaus unfreundlich wahrgenommen wurden, schienen gerade an der Tagesordnung zu sein, spürte Hornegger. „Zeit, mal nach dem rechten zu sehen", brummt er und macht sich auf den Weg zu Robert.

Hornegger
kümmert sich manchmal selbst um die Qualität in seinem Service.

Robert zuckt zusammen, als er Horneggers kräftige Statur im Türrahmen auftauchen sieht. Dass der Chef sich in die Niederungen des zweiten Stocks begibt, ist selten. Es muss also ernst sein. Und Horneggers Gesicht verstärkt diesen Eindruck noch: die senkrechte Falte zwischen den Augen verleiht ihm etwas bedrohliches. Robert beginnt zu schwitzen: „Was haben ihre 20 Gespräche denn ergeben, Chef", versucht er locker zu wirken.

„Unsere Leute sind unfreundlich und inkompetent", sagt Hornegger. „Unfreundlich und inkompetent?", fragt Robert ungläubig. „Das müssen aber unglückliche Einzelfälle sein. Ich lege für meine 28 Leute die Hand ins Feuer: Die sind alle ordentlich ausgebildet, hochmotiviert und stehen voll hinter der Firma." „Mag ja sein", fällt ihm Hornegger ins Wort. „Aber das, was ich gerade erfahren habe, beschreibt ein etwas anderes Bild. Das kann so nicht bleiben! Stellen Sie mir doch bis heute Nachmittag noch einmal zusammen, wie unser QS-Konzept aussieht." Robert nickt.

Am Nachmittag macht er sich mit einigen Unterlagen auf den Weg zu Horneggers Büro. Der hat auch Rosi, die Leiterin der Personalentwicklung, einbestellt. Zur Einleitung schildert Hornegger noch einmal im Detail die Erlebnisse und bittet dann Robert und Rosi, nacheinander ihre Maßnahmen vorzustellen, wie Qualität derzeit in der Serviceorganisation sichergestellt wird. Robert beginnt, referiert über den von ihm entwickelten Kennzahlen-Rahmen, der sich im wesentlichen um Fallabschluss, Wiederanrufer und Prozesstime dreht. „Diese Daten stellt uns die ACD zur Verfügung, wir bereiten das dann in übersichtlichen Ansichten auf, diskutieren die Ergebnisse wöchentlich mit den Teamleitern und Sie, Herr Hornegger, bekommen ja auch einmal im Monat einen Bericht auf den Tisch", erklärt Robert. Rosi ergänzt: „Für die Personalentwicklung kann ich sagen, dass wir gezielt an drei Stellen ansetzen: bei der Einarbeitung neuer Mitarbeiter, bei Schulungen zu neuen Produkten und immer dann, wenn

Teamleiter mit einem Mitarbeiter Schulungsbedarf identifizieren." „Jetzt wird es spannend", unterbricht Hornegger sie: „Wenn Mitarbeiter und Teamleiter Schulungsbedarf feststellen. Wie geht das genau?" „Unsere Teamleiter bekommen ja gut mit, was in den Teams läuft", antwortet Robert. „Wenn denen etwas auffällt, gibt es ein Feedbackgespräch mit der jeweiligen Kollegin oder dem Kollegen und dann spricht man drüber, ob wir mit einem Coaching oder einem Trainingsangebot helfen können."

„Ha, also haben die Teamleiter geschlafen im letzten Monat!", bricht es aus Hornegger heraus. „Die haben also nicht aufgepasst, der Schlendrian ist eingezogen und jetzt haben wir den Salat. Haben wir da keine verlässlichen Daten? So wie ihre Kennzahlen aus der ACD?" „Nein", sagt Robert. „Dazu müssten wir die Gespräche aufzeichnen und auswerten. Da gibt es heute schon Lösungen für. Aber ich höre immer nur, dass das ein Riesen-Aufwand ist, sowas mit dem Betriebsrat zu verhandeln. Und ich glaube, wir sind mit 28 Mitarbeitern einfach zu klein für eine solche High-End-Lösung."

„Das ist für mich kein Argument", sagt Hornegger. „Ich habe keine Lust, mir jeden Monat anzuhören, dass wir nicht optimal aufgestellt sind. Fehler passieren, das ist ok. Und dann ist es auch mein Job, diese Kunden wieder einzufangen. Aber ich erwarte eine professionelle Organisation. Wenn wir so eine Lösung brauchen, dann schaffen wir die auch an. Den Betriebsrat bekomme ich schon in den Griff." Einen Monat Zeit gibt er Rosi und Robert für eine Marktrecherche und erste Gespräche mit Anbietern.

Einen Monat später
Viele Gespräche liegen mittlerweile hinter Robert und Rosi. Mit großen Anbietern aus den USA und Israel haben sie gesprochen aber letztlich haben sie sich für einen Anbieter aus Berlin entschieden. Der Mittelständler mit seinen zwei Diplom-Ingenieuren an der Spitze passt gut zur AUFZU AG,

Rosi
ist Personalentwicklerin und will ein schlankes QM-System.

Ayse
hat eine Software-Lösung, die exakt zu den Anforderungen passt.

versteht die Herausforderungen und hat eine charmante Lösung, die genau das liefert, was die beiden suchen: standardisierbare Erhebungen der Leistung jedes einzelnen Mitarbeiters und außerdem noch eine Sprach-Analyse-Funktion, mit der sich auch große Mengen von Gesprächen auswerten lassen. Ein perfektes Frühwarnsystem und gleichzeitig ein einfach zu bedienendes Werkzeug, das jedem einzelnen Mitarbeiter hilft, besser zu werden.

Gemeinsam mit Ayse Nur Güzelce, der Geschäftsführerin der Berliner Onsoft Technologies GmbH, sitzen die beiden nun bei Hornegger, um ihm die Lösung und die Auswirkungen auf die Prozesse vorzustellen. „Unsere Lösung LDC Agent Evalution zeichnet die Telefongespräche auf, einzelne werden dann zur Auswertung herangezogen. Dazu bekommt der Teamleiter ein Standardformular, das er beim Anhören des Gesprächs ausfüllt. Gleichzeitig werden Punktzahlen aufsummiert, sodass sich für das Reporting ein Gesamteindruck ergibt. Auch die Eingaben auf dem Bildschirm können mit dem Telefonat zusammen aufgezeichnet werden", erklärt Güzelce. „Das heißt, wir können auch feststellen, ob unsere Leute das CRM bedienen können?", fragt Hornegger interessiert. „Genau", bestätigt Güzelce, „und mit diesen Daten aus dem Evaluationsbogen, der Sprach- und der Bildschirmaufzeichnung haben wir einen transparenten Leistungsstand des Einzelnen." „Das ist dann die Grundlage für richtige Zielvereinbarungen, für Coachings und Trainings", ergänzt Rosi.

„Und dank der Sprachanalyse können wir auch automatisiert große Mengen an Gesprächen auswerten, können Prozessmängel ausfindig machen", ergänzt Robert. Hornegger nickt interessiert. „Wir können beispielsweise leicht herausfinden, wenn wir in den Trainings Dinge vermitteln, die letztlich dann doch dazu führen, dass ein Kunde wieder anrufen muss, weil er Dinge nicht verstanden hat oder nicht so umsetzen kann, dass sie zum gewünschten Ergebnis führen."
Hornegger ist begeistert: „Na, da haben Sie ja ganze Arbeit

geleistet! Dann wollen wir jetzt mal schauen, was unser Betriebsrat davon hält. Euch allen erst einmal vielen Dank für Euer Engagement."

Hornegger macht sich direkt nach dem Gespräch auf den Weg in die IT-Abteilung. Walter, der Betriebsratsvorsitzende ist auch gleichzeitig IT-Leiter der AUFZU AG. „Eine Kombination, die jetzt entweder sehr schädlich oder sehr nützlich sein kann", überlegt Hornegger, als er in den Aufzug steigt. Hornegger erzählt Walter von seinen Kundengesprächen. Walter nickt. Er hat schon mitbekommen, dass es im Servicecenter Qualitätsprobleme gibt und seinerseits mit einigen Kolleginnen und Kollegen darüber gesprochen: „Die Kollegen beklagen, dass ihre Leistung nicht transparent ist und sie von der Willkür ihrer Teamleiter abhängig sind", sagt Walter. Hornegger strahlt über das ganze Gesicht und berichtet Walter von den Möglichkeiten des LDC Quality Managements. Er betont die großen Vorteile und die transparenten Ergebnisse. Walter ist aber nicht völlig überzeugt. Er bittet um Bedenkzeit.

Vier Tage später meldet sich Walter mit einer kurzen E-Mail bei Hornegger zurück: „Hallo Herr Hornegger, lassen sie uns eine achtwöchige Teststellung in einem kleinen Team durchführen. Ich habe fünf Freiwillige dafür, die die Lösung testen wollen. Wenn die Ergebnisse von den Betroffenen angenommen werden, stehe ich rückhaltlos auf ihrer Seite. Was halten Sie davon? Beste Grüße Walter B." Hornegger antwortet sofort und setzt Robert und Rosi in CC: „Machen wir!"

Das Ende der Testphase
Hornegger, Walter, Rosi und Robert haben sich zum Abendessen verabredet. Sie wollen die Ergebnisse und Erfahrungen aus den Teams beim Essen besprechen und im Konsens entscheiden, wie es mit der Einführung der Quality Management Lösung im Servicecenter weitergeht. „Wir haben Schulungsbedarf identifiziert, den wir nicht vermutet

hätten", räumt Rosi gleich zu Beginn ein. „Wir haben sogar extra noch einen externen Coach gebucht, um auch verstärkt Kommunikations-Skills zu schulen." Robert ergänzt: „Aber wir haben auch festgestellt, dass wir insgesamt von der ersten zur achten Woche deutlich besser geworden sind: Die Gesprächsführung ist jetzt viel empathischer und auf den Kunden ausgerichtet als vorher – bei sogar etwas besseren Werten beim Fallabschluss." Hornegger freut sich und blickt erwartungsvoll zu Walter: „Walter, was haben Sie aus den Teams gehört?"

Walter räuspert sich, greift zum Rotweinglas, um die Spannung zu erhöhen. „Die Kolleginnen und Kollegen sind grundsätzlich einverstanden. Sie spüren, dass sie nun tatsächlich individuell unterstützt und gefördert werden. Das kommt gut an. Aber für meine Zustimmung müsst ihr eine neue Funktion einführen: Wir brauchen einen Aus-Knopf, mit dem der Mitarbeiter jederzeit sagen kann ‚Nein, ich will jetzt nicht aufgezeichnet werden.' Denn jeder von uns hat mal einen schlechten Moment, diesen dann gegen den Mitarbeiter zu verwenden, halte ich nicht für fair."

Hornegger blickt zu Robert: „Geht das?" „Klar!", antwortet Robert erleichtert.

So verkaufen,
dass es keiner merkt

Hornegger starrt auf die Zahlen und stellt seufzend die Kaffeetasse auf seinen aufgeräumten Vorstandstisch. „Minus 7 °C und dennoch außergewöhnlich hohe Luftfeuchtigkeit für diese Temperaturen. El Niño stellt das Wetter auf den Kopf – fast in ganz Europa", japst er und schnappt nach Luft. Härteste Bedingungen für elektrische Garagentorantriebe, für deren Vertrieb er als Vertriebsvorstand beim Torhersteller AUFZU unter anderem verantwortlich ist. Er weiß nur zu gut, was das bedeutet: Geräteausfälle in ganz Deutschland, höchstes Call-Aufkommen im Servicecenter und ein permanent ausgebuchter Kundendienst. Gleichzeitig: kein Neugeschäft. „Wer kauft sich schon ein neues Garagentor bei diesem Sauwetter", murmelt er und überlegt, wie er das fortgeschrittene Quartal noch retten kann. Ihm, Reimund Hornegger, dem agilsten im dreiköpfigen Vorstand der AUFZU AG, muss doch eine rettende Idee kommen. Denn noch ein Quartal mit lausigen Zahlen könnte nicht nur seine Laune, sondern auch seine Karriere verderben. Aber soweit will er es nicht kommen lassen.

Er greift zum Telefonhörer und ruft Corinna an. Corinna war ihm auf dem Sommerfest aufgefallen. Sie war nicht sein Frauentyp, übte aber sofort eine ganz eigenartige Faszination auf ihn aus. Sie stellte manchmal seltsame Fragen und dachte mehr als quer. Die 29-Jährige war über den zweiten Bildungsweg und ein duales Studium bei AUFZU gelandet. Als jüngste Teamleiterin im Inbound-Servicecenter war sie es, die jetzt eigentlich rotieren müsste, weil die Telefondrähte mit unzufriedenen Kunden glühten.

„Was geht an der Front?" versucht Hornegger einen jugendlichen Ton anzuschlagen. „170 Prozent Auslastung, zahlreiche

Hornegger
wird schnell ungeduldig.

ausgefallene Systeme im ganzen DACH-Raum. Wir priorisieren B2B und versuchen B2C möglichst komplett über IVR und Web abzuhandeln", so die knappe Antwort. „Sonst noch was?" schiebt sie forsch hinterher. Ihre Achtung vor Autoritäten im Unternehmen ist nicht sehr ausgeprägt. Auch etwas, das Hornegger in dieser Situation schätzt. „Ich brauche Sie hier oben, Corinna. Wir müssen uns etwas einfallen lassen – diese ganzen Kundenkontakte kosten nur Geld und bringen nichts ein." – „Keine Zeit – der Kunde geht vor!" – dann hört er nur noch ein Klicken und die Leitung ist tot.

Hornegger knallt den Hörer auf das Telefon und setzt im Kopf die Mail an die Personalabteilung auf. „Die glaubt wohl, dass die sich hier alles erlauben kann", schnauft er und startet sein E-Mail-Programm. Eine Mail von Corinna:

„Christian Fingerhut" und ein Link auf ein XING-Profil. Mehr steht in der Mail nicht. Hornegger zögert, bevor er auf den Link klickt. Er liest das Profil und beginnt zu verstehen. Das ist Corinnas unverbesserliche Effizienz. Fingerhut schien der richtige Mann für seine Situation zu sein: altgedienter Callcenter-Haudegen, eine Art Dr. House, der sich auf schwierige Fälle spezialisiert hat.

Ein paar Minuten später hat er Christian Fingerhut in der Leitung. Am nächsten Morgen – das Wetter war unverändert – trifft er sich mit dem Berater im Café um die Ecke. „Herr Fingerhut, bei mir brennt die Hütte, ich habe ein überfordertes Inbound-Servicecenter, das die klassischen Themen vom technischen Support, Terminierung von Wartung und Service und allgemeine Auskünfte macht. Das brummt eigentlich immer und gerade jetzt ganz besonders. Aber wir schaffen es nicht, diese Kundenkontakte vertrieblich zu nutzen. Da wird telefoniert und geholfen und dann war es das. Meine Verkaufszahlen brechen gleichzeitig ein, weil das Wetter mies ist. Dabei haben wir sogar die richtigen Produkte, nur keine Kapazitäten für den Vertrieb. Das muss ich ändern,

Corinna

ist Teamleiterin und steht auf unkomplizierte Lösungen.

wenn ich in meinem Job eine Perspektive haben will."

Fingerhut nippt an seinem Kaffee. „Haben Sie schon darüber nachgedacht, Ihre Serviceeinheiten mit einem Workflow aus einem Guss in vertriebliche Aufgaben einzubinden – über prozessorientierten, inboundinduzierten Vertrieb sozusagen?" – „Was ist das?" räumt Hornegger seine Ahnungslosigkeit ein. Fingerhut holt tief Luft und beginnt zu erzählen: „Wir nutzen Ihre Inbound-Mannschaft und helfen ihr, bei jedem Kundenkontakt ein bisschen Vertrieb zu machen. Und das ganz ohne Vertriebstrainings oder Umstrukturierungen." Hornegger lacht. „Service-to-Sales? Nein, das funktioniert bei uns nicht. Unser Servicecenter ist darauf aus, zu helfen, verkaufen können und wollen die nicht. Der Kunde steht da im Mittelpunkt, nicht die Firma. Das haben wir denen lange genug eingebläut." Resigniert winkt er der Kellnerin, zückt sein Portemonnaie und legt einige Münzen auf den Tisch. „Danke, für Ihre Zeit, Herr Fingerhut. Aber Service-to-Sales kriegen wir nicht hin."

Auf dem Weg zurück ins Büro kommt er ins Grübeln. Warum hat Corinna ihm Christian Fingerhut empfohlen? Sie würde doch wissen, dass seine Ideen ihre eigene Arbeit ganz maßgeblich umkrempeln würden. Gerade sie wäre doch die Erste gewesen, Fingerhuts Vorhaben zu torpedieren, würde sich Hornegger darauf einlassen. Er beschließt, ihr einen Besuch abzustatten. Vielleicht wäre es ganz hilfreich, im Servicecenter einmal nach dem Rechten zu sehen.

Er findet Corinna in einem Kundengespräch vor. Das ist nicht ihre Aufgabe, als Teamleiterin hat sie dafür zu sorgen, dass die Zahlen stimmen, das Team motiviert und gut aufgestellt ist. Die Situation muss also schon sehr angespannt sein, wenn Corinna selbst mittelefoniert. „Ich hab Fingerhut getroffen", setzt er an. „Prima, wann geht das Projekt los?" fragt Corinna zurück. Hornegger erstaunt: „Service-to-Sales, das trägt doch keiner hier mit." – „Sie wollten eine Lösung für Ihr

Vertriebsthema, ich hab Ihnen Fingerhut empfohlen. Ich hab viel von ihm gehört, wenn es einer schafft, hier Vertriebsdenken einzuführen, dann er. Ihre Entscheidung", sagt sie schulterzuckend und greift wieder zum Headset, um das nächste Servicegespräch aus der Warteschleife zu holen.

Hornegger beschließt, der Sache nachzugehen. Er recherchiert und liest zahlreiche Artikel über Christian Fingerhut und seinem umfassenden, operativen Beratungsansatz. Er greift zum Telefon. Fingerhut hat den Anruf anscheinend schon erwartet: „Ich bin morgen früh bei Ihnen. Und holen Sie zum Kick-off unseres gemeinsamen Projekts auf jeden Fall Ihre junge Kollegin und alle anderen Teamleiter dazu, außerdem den Leiter Ihres Servicecenters und die Personalentwickler."

Am nächsten Tag startet der Projekt-Kick-off pünktlich um 9.00 Uhr. Hornegger moderiert die Runde, Robert, der strategische Leiter aller Servicecenter des Unternehmens, Teamleiterin Corinna und die beiden deutlich älteren Teamleiter Jürgen und Hansi sowie Rosi, die Leiterin der Personalentwicklung, lassen sich von Christian Fingerhut erklären, wie inboundinduzierter Vertrieb künftig aus jedem Inbound-Gespräch einen Vertriebskontakt machen kann. Mit dabei ist auch Walter, der frischgewählte Betriebsrat, der angetreten war, die Stressbelastung der Kolleginnen und Kollegen zu senken. „Wir schaffen neue Gesprächsstrukturen, bieten klare Standards und Formulierungshilfen. Denn Express-Schulungen und Motivationskurse sind da nicht geeignet. Wir sind damit erfolgreich, weil wir das Anbieten von Leistungen und Produkten als selbstverständlichen Bestandteil einer kundenorientierten, vollständigen Beratung etablieren und Abwehrreaktionen gegen das Verkaufen vermeiden. Fachwissen, Systembeherrschung, Prozess-Know-how und kommunikative Kompetenzen eng verzahnt und als ‚Workflow aus einem Guss'. Darum geht's. Und dabei verzichten wir auf Komplexität! Wir bieten prozessorientierte Trainings, die

Christian

*hat den inboundinduzierten Vertrieb
erfunden und schult das Konzept.*

sich an den tatsächlichen Gesprächen orientieren. Und danach verankern wir Vertriebsthemen im Alltag. Den Anfang machen wir mit einer sauberen Wiederanruferlaubnis – das können wir sofort einführen", umreißt Fingerhut das Programm. „Dann können wir die zahlreichen B2C-Kontakte aus dem aktuellen Servicethema in zwei Wochen noch einmal anrufen", freut sich Hornegger. „Wir können Ihnen die neue, wetterfeste Geräte-Serie anbieten."

Fingerhut lächelt: „Ja, das sind die Quick Wins. Denken wir langfristig, wird Verkaufen zum Alltag und zur Ergänzung jedes Servicetelefonats. Unaufdringlich und mit maximaler Wertschätzung des Kunden." Nach einem halben Tag geht die Runde auseinander. Corinna freut sich sichtlich auf das Projekt, ihre Kollegen Jürgen und Hansi sind ganz anderer Meinung. „Warten wir's ab – auch der wird scheitern", grinst Jürgen. Betriebsrat Walter ist noch unschlüssig, was er von dem Vorhaben halten solle, Komplexitätsreduktion klang zunächst vielversprechend.

Zwei Wochen später – die Wetterkapriolen haben nachgelassen und das Servicecenter hat liegengebliebene Anfragen mittlerweile abgearbeitet – ergänzt Fingerhut das Team noch um Mitarbeiter aus dem Servicecenter und Coaches. Gemeinsam beginnen sie, klare, auf den Workflow des Mitarbeiters fokussierte Prozessbeschreibungen und modulare Gesprächsleitfäden zu entwickeln. „Die vertrieblichen Aufgabenstellungen binden wir in den Arbeitsvorgang ganz selbstverständlich ein", erklärt Fingerhut und zeigt den Mitarbeitern ganz konkret, wie dies im Alltag aussieht.

In Workshops mit Führungskräften und den Mitarbeitern aus dem Servicecenter werden die Prozesse und Leitfäden schließlich umgesetzt und in den Teams verankert. Jürgen avanciert im Lauf der Zeit zu einem offenen Gegner: Er lehnt Veränderungen ab. „Wir sind ein Servicecenter. Wir dienen dem Kunden, nicht dem schnöden Mammon", regt er sich mehrfach auf. In abendlichen Runden mit Walter überzeugt er langsam aber sicher den Betriebsrat, das Projekt zu bremsen. Corinna hingegen erarbeitet gemeinsam mit den operativen Teams Vorschläge für die Leitfäden und feilt gemeinsam mit den Kolleginnen und Kollegen an den Details der Prozessbeschreibungen. Sie leistet echte Überzeugungsarbeit an der Basis. Als Botschafterin des Projekts genießt sie hohes Ansehen in den Teams, sodass später auch Jürgen und Walter einlenken.

Hornegger und Robert halten sich während des Projekts stark zurück, geben dem Projektteam aber volle Rückendeckung, wenn es Erklärungsbedarf gibt. Zum Quartalsende – noch einige Monate vor dem eigentlich geplanten Projektziel – lädt Hornegger das Projektteam und Christian Fingerhut schließlich zum gemeinsamen Mittagessen in den edelsten Italiener der Stadt ein. Bei feinen Antipasti und schwerem Rotwein präsentiert er nicht ohne Stolz die Zahlen, die aus dem Team schon jeder kennt: „Die Quote der Wiederanruferlaubnisse ist sprunghaft um 265 Prozent gestiegen. Die Zahl der Gespräche, in denen Wartungsverträge für Torantriebe angesprochen worden sind, ist um 43 Prozent gestiegen, die Zahl der Abschlüsse solcher Wartungsverträge um 59 Prozent", fasst Hornegger zusammen. „Wir machen plötzlich neues Geschäft mit Kunden, die uns bislang in der Betreuung nur Geld gekostet haben. Wir haben unser Business neu erfunden." Mit Blick auf Fingerhut hebt er sein Glas und prostet ihm zu: „Herr Fingerhut, Sie haben uns auf den Pfad des Erfolgs geführt. Aber nicht nur das. Sie sind auch für einen Karrieresprung einer Führungskraft verantwortlich." Er hält mit breitem Grinsen inne und sonnt sich in der allgemeinen Verwunderung. Der Runde ist die Peinlichkeit anzumerken – will Hornegger sich nun selbst feiern lassen? „Ich habe heute mit meinen Vorstandskollegen vereinbart, dass wir als neue Querschnittsfunktion einen Touchpoint Manager einsetzen, der Service und Sales an allen Kundenkontaktpunkten orchestrieren wird. Und wer ist dafür besser geeignet als Corinna?"

Corinna strahlt über das ganze Gesicht. Endlich kann sie die Verbindung aus Service und Vertrieb über alle Touchpoints hinweg ganzheitlich optimieren.

Wer telefoniert mit wem?

Schon wieder. Hanna holt sich den Anrufer wieder zurück. „Der Kollege ist gerade in einer Besprechung. Kann er Sie im Lauf des Nachmittags zurückrufen? ... Alles klar, vielen Dank, ich gebe ihm weiter, dass Sie vor 15.30 Uhr und dann ab 16.15 Uhr wieder am Platz sind. Kann ich sonst noch etwas für Sie tun?", nimmt sie schließlich doch gekonnt den Rückruf-Wunsch auf. Nach dem Telefonat mit dem Lieferanten, der mit dem Disponenten am hessischen Standort der AUFZU AG klären wollte, wie die Anliefermodalitäten für Dichtungen sind, schickt sie dem Kollegen im 150 Kilometer entfernten Standort eine E-Mail mit den Kontaktdaten des Anrufers und seinem genauen Rückrufwunsch.

Kurz vor Ende ihrer Arbeitszeit hat sie den Lieferanten erneut am Telefon. Der Disponent habe sich nicht zurückgemeldet und er müsse jetzt dringend wissen, ob die Anlieferung per Europalette am nächsten Tag möglich ist oder nicht und wie die Chargen-Größen sein sollten. Hanna nimmt erneut einen Rückrufwunsch auf und setzt eine E-Mail auf. Dann fährt sie schnell ihren Rechner herunter, nimmt ihre Tasche und verlässt das Büro. Im Aufzug trifft sie Robert, ihren Chef und den Leiter der Servicecenter bei AUFZU. Spontan beschließt sie, ihn auf diese vielen unnötigen internen Abstimmungen anzusprechen. „Robert, warum haben wir eigentlich unsere Produktionsniederlassungen in Hessen und Bayern nicht in unsere Telefonanlage integriert?", fragt Hanna und schildert ihr nachmittägliches Erlebnis.

„Tja", seufzt Robert, „die Kommunikationsinfrastruktur ist über die Jahre gewachsen – genauso wie die Standorte. Wir haben damals mit ein paar ISDN-Leitungen angefangen und

Hanna
stößt neue Projekte an, die den Service-Alltag verbessern.

dann eine kleine Telefonanlage installiert. Das hat völlig ausgereicht – die Produktionsplanung lief ja hier zentral zusammen. Ich schau mir das morgen mal im CRM an – die Anrufe sind ja dokumentiert", verspricht er. Hanna geht zufrieden zu ihrem Auto und fährt nach Hause.

Am nächsten Tag ruft Robert sie gleich früh in sein Büro. „Hanna, du hast da ja gestern etwas angestoßen", setzt er an. „Wir haben täglich rund 135 dokumentierte Rückrufwünsche für Hessen, Bayern schaut da ganz anders aus. Und davon werden im Schnitt 40 Prozent nicht erledigt und führen zu erneuten Nachfragen unserer Lieferanten und Kunden. Das sind über 1.000 Kontakte im Monat, die unerledigt bleiben. Und das sind ja nur die, die wir im CRM einwandfrei dokumentiert haben. Ich könnte mir vorstellen, dass es da noch eine gewisse Dunkelziffer gibt, aber die Daten aus der ACD wollte ich nicht auch noch danach durchforsten."

„Wenn wir davon ausgehen, dass jeder dieser erneuten Kontakte nur 8 Euro für zehn Minuten Arbeit kostet, sind das 8.000 Euro im Monat, die wir uns sparen könnten", rechnet Hanna laut und staunt selbst ein wenig darüber, was sie am Vortag in Bewegung gesetzt hat. Sie hat eine Idee.

„Robert, lass uns doch einmal einen Tag lang alle Anrufe ohne Vorqualifizierung bei uns im Servicecenter nach Hessen durchrouten. Und zwar mit einem Gruppenruf auf allen Telefonen in der Verwaltung dort. Das machen wir einen Tag ohne es vorher anzukündigen und dann bringen wir denen bei, dass sie ihre Telefone zu besetzen haben." „Ha, das wäre ein Spaß, Hanna. Aber das werden wir nicht tun! Ich fahre nächste Woche eh raus und werde das Thema mitnehmen. Vielleicht können wir den Standort ja einfach ans CRM anbinden, auch wenn die überhaupt keinen Kundenkontakt haben."

Robert informiert Reimund Hornegger – der Vertriebsvorstand ist sein direkter Vorgesetzter – über sein Vorhaben und bittet ihn um Unterstützung. Hornegger verspricht, seinen Kollegen, der für die Produktion zuständig ist, zu informieren. Das sollte reichen, um Robert mit einem robusten Mandat auszustatten. Der wiederum hat sich schon beim Niederlassungsleiter angekündigt und ihn gebeten, ihm ein Organigramm und ein Telefonverzeichnis des Standorts zu übermitteln. Robert ist auf der Suche nach Ursachen, warum Rückrufe nicht erledigt werden und Kollegen teilweise telefonisch überhaupt nicht erreichbar sind.

Die Unterlagen kommen am späten Abend per E-Mail bei ihm an. Robert staunt nicht schlecht: Immerhin 35 Mitarbeiter aus Verwaltung, Arbeitsvorbereitung und Versand sind mit einem Telefonanschluss ausgestattet. Vier zentrale Abteilungstelefone stehen für Mitarbeiter in der Produktion zur Verfügung. Der Niederlassungsleiter hat ihm auch eine nebenstellenbezogene Auswertung geschickt: 15 Personen werden regelmäßig angerufen – aus dem Servicecenter. Sie sind stark ausgelastet, die anderen 20 Anschlüsse werden kaum genutzt. Damit ist für Robert auch klar: 35 Software-Lizenzen für die CRM-Lösung sind keine Lösung des Problems, es muss eine moderne Lösung für die Telefonie her, die Transparenz schafft, wer wann wo erreichbar ist. Er beschließt das Problem grundsätzlich in Angriff zu nehmen.

Seine Recherche beginnt Robert am Abend daheim. Er will einen mittelständischen Anbieter finden, der genau die passende Telefonie-Lösung für sein Problem bietet. Es muss eine Lösung sein, die dem Team im Servicecenter die Verfügbarkeit der einzelnen Mitarbeiter in der Niederlassung zurückmeldet und die gleichzeitig so ist, dass das Team in der Niederlassung es akzeptiert mehr Anrufe selbst zu bearbeiten. Er stößt bei seiner Suche auf AR-SYSTEMS in Wetzlar. „Das ist doch genau der richtige", murmelt er zufrieden und setzt sich gleich ein Lesezeichen. Am nächsten Morgen erreicht er Jens Arnold, den AR-SYSTEMS Geschäftsführer, auch gleich und

Robert
*hat die Kommunikation der
Niederlassungen komplett unterschätzt.*

Matthias
ist die rechte Hand des Niederlassungsleiters.

vereinbart für die kommende Woche einen gemeinsamen Termin in der hessischen Niederlassung.

Bei dem Treffen ist neben dem Niederlassungsleiter, Robert und Jens Arnold auch Matthias dabei. Matthias ist die rechte Hand des Niederlassungsleiters und kümmert sich auch um die IT-Infrastruktur in der Niederlassung. Zu seinem Aufgabengebiet gehört aber auch die Koordination von Dienstleistern für die Gartenpflege, den Winterdienst und von Handwerkern. Sein Telefonanschluss gehört auch zu den 15 Anschlüssen, die gut ausgelastet sind.

Jens Arnold stellt eine computergestützte Telefonie-Lösung vor, die jedem Mitarbeiter auf dem Windows-Desktop die Verfügbarkeit der Kolleginnen und Kollegen anzeigt. Damit muss das Servicecenter keine Versuche mehr unternehmen, Gespräche durchzustellen. „Und auch in der Niederlassung ist damit für jeden ersichtlich, wer erreichbar ist und wer nicht", wirbt Arnold. „Was machen wir mit denen, die den Hörer danebenlegen?", will Robert wissen. „Das geht nicht – die Anlage merkt schon, ob jemand telefoniert, oder nicht", entgegnet Arnold: „Und wer seinen Status, der mit einer einfachen Ampel-Symbolik angezeigt wird, ständig auf ‚abwesend' belässt, der muss sich später natürlich die Frage gefallen lassen, was er in dieser Zeit gemacht hat."

Matthias interveniert: „Das ist ja die totale Kontrolle. Dann muss ich künftig ja noch viel mehr telefonieren. Ich bekomme doch jetzt schon viele Anrufe aus dem Servicecenter durchgestellt, die mich eigentlich gar nicht betreffen." „Und genau diese Anrufe fallen dann ja weg", argumentiert Arnold. Robert ergänzt: „Wenn wir in der Zentrale sehen, wer verfügbar ist und vielleicht sogar Stellvertreter-Regelungen im System hinterlegt sind, dann können wir Anrufe gezielt an die Leute durchstellen, die sie betreffen. Dann müssen wir nicht irgendwen anrufen und fragen, was denn mit dem Kollegen oder der Kollegin gerade los ist. Diese Transparenz hilft uns und Euch."

Matthias ist noch nicht zu 100 Prozent überzeugt. „Na, wenn es euch glücklich macht, uns zu überwachen...", grummelt er noch ein wenig. „Matthias, lass es uns ausprobieren", sagt Robert. „Die Lösung ist so flexibel, zurück zur alten Welt können wir immer noch, aber ich glaube nicht, dass wir das wollen." Nachdem auch das Angebot für den Umstieg preislich in dem Rahmen ist, dass Robert die Investition mit dem Niederlassungsleiter gemeinsam entscheiden kann, ist der Auftrag schnell erteilt. Der Umstieg soll bereits in einigen Tagen vollzogen werden.

Am Tag der Umstellung werden alle Mitarbeiter ausführlich geschult. Robert hat Hanna mit in die Niederlassung genommen, damit sie das Wissen über die neue Telefonie-Lösung in die Zentrale tragen kann und die Kolleginnen und Kollegen dort informiert. Künftig kann auch das Serviceteam in einer kleinen Applikation den jeweiligen Status der Endgeräte in der Niederlassung sehen und darauf Rücksicht nehmen. Ein ausgeklügeltes Reporting sorgt dafür, dass Robert erfährt, welche Leitungen besonders oft nicht besetzt sind beziehungsweise welche Anrufe unbeantwortet wieder zurück in das Servicecenter transferiert werden.

Zwei Wochen später treffen sich Hanna und Robert wieder zufällig im Aufzug. „Na, habt ihr eine Veränderung feststellen können?", fragt Robert. Hanna lacht: „Ja, absolut. Ich habe keine verärgerten Anrufer mehr in der Leitung, die ich nicht an unsere hessischen Kollegen weitervermitteln konnte. Jetzt sehe ich gleich, wer verfügbar ist und stelle das Gespräch an die richtigen Ansprechpartner durch. Hast du von den Kollegen ein Feedback, ob die Bedenken von Matthias sich bewahrheitet haben?" Robert schüttelt den Kopf: „Nein, diese neue Technik kommt bei allen gut an – es ist ja auch kinderleicht zu bedienen."

Helen
leitet das Marketing und ist am Leadmanagement gescheitert.

Verirrt

Helen wird wach. Dieser Begriff „Leadmanagement" verfolgt sie nun schon im Schlaf. Leise schaut sie auf den Wecker neben ihrem Kopfkissen. 4.30 Uhr. Zu früh. „Die Leadqualität taugt nichts." Dieser Satz ihres Kollegen Ralf und seine entwürdigende Beweisführung, ja das Zur-Schau-Stellen ihres Scheiterns, lassen sie nicht wieder einschlafen. Kalt lächelnd hatte dieser eingebildete Kollege und Vertriebsleiter sie vorgeführt. Und Reimund Hornegger, ihr gemeinsamer Vorstand, hat sorgenvoll die Stirn in Falten gelegt, den Kopf geschüttelt und Helen ernst angeschaut. Ein schlechtes Zeichen. Eines, das ihr zum ersten Mal in ihrer Karriere bei der mittelständischen AUFZU AG wirklich Angst macht. Sie wälzt sich in ihrem Bett herum. Sie beginnt zu schwitzen. Langsam schieben sich die ersten Sonnenstrahlen am Vorhang vorbei. Zumindest das Wetter scheint an diesem Mittwoch im Juni wieder schön zu werden.

Rückblick

Vor einigen Wochen hatte Helen das Team darüber informiert, dass die Einführung einer Marketing-Automation-Lösung bevorsteht. Frank – für Digitales verantwortlich – übernahm die Aufgabe, die verfügbaren Produkte am Markt zu sichten und zu bewerten. Schnelle Einführung, leichte Bedienbarkeit und schnelle Erfolge – das waren die Kriterien, mit denen sich Frank auf die Suche machte. Neben einigen kleinen deutschen Software-Anbietern standen schließlich die großen Namen der US-amerikanischen Anbieter auf der Shortlist. Da die Erfolgsgeschichten der amerikanischen Anbieter so vielversprechend waren, fiel die Entscheidung für das Produkt des Marktführers leicht. Mit der besten, bekanntesten und größten Lösung zu arbeiten, sollte schließlich verhindern, dass AUFZU an der einen oder andere Stelle scheitern könnte.

Mit wenigen Klicks war die Softwarelizenz schließlich eingekauft, die Planung der ersten Kampagne begann.
Frank meinte dabei: „Wir müssen uns vom Produkt lösen. Lass uns doch eine Checkliste erstellen, wie man Garagen richtig absichert. Unser Tor ist natürlich der wichtigste Teil in diesem Konzept. Gerade letzte Woche sind hier in Unna wieder fünf Oberklasse-Wagen aus Garagen heraus geklaut worden. Das ist ein Thema, das viele interessiert."

„Da gibt es Broschüren von der Polizei und von Versicherungen, die können wir zusammenfassen", warf Marketing-Kollegin Carmen ein. „Meine Eltern haben letztens so einen Check des Hauses durch die Polizei machen lassen. Da haben wir bestimmt noch das Material zu Hause. Das bring ich mit."
Helen schaut in die Runde: „Noch weitere Ideen? Dann lasst uns abstimmen, womit wir beginnen – ich finde die Idee, uns vom Produkt zu lösen gut." Angesichts der zur Verfügung stehenden Zeit entschied die Runde dann einstimmig, das Sicherheitsthema für den B2C-Markt aufzugreifen.

Am nächsten Tag brachte Carmen drei Prospekte der Polizei Nordrhein-Westfalen mit, die sich mit der Einbruchsicherung für das Eigenheim beschäftigten. Carmen erstellte daraus und anhand einiger ergänzender Internetrecherchen einen Text, den Jochen in einem PDF anschaulich mit schönen Grafiken illustrierte. Auf der letzten Seite des Dokuments ergänzten sie noch einige Informationen zu Sicherheitsanforderungen an Garagentore und wiesen auf einen kostenfreien Check durch einen AUFZU-Außendienstler hin.

Parallel dazu erstellte Frank in der neuen Software eine Landingpage, auf der das PDF zum Download angeboten wird. „Was ist denn eine Landingpage?", wollte Mareike, bei AUFZU für technische Dokumentationen zuständig, wissen. „Das ist eine Seite, die so aussieht wie alle unsere Internetseiten. Die hat aber nur einen einzigen Zweck", erklärt Frank. „Da gibt's Informationen zu unserem PDF und ein Formular mit der Downloadanforderung. Nicht mal eine Navigationsmöglichkeit zu den anderen Seiten unseres Internetauftritts gibt's da. Eine Sackgasse sozusagen. Einziger Ausweg ist das Formular." Mareike versteht: „Wir holen die Leute also auf diese Seite und dann müssen die quasi das Formular ausfüllen?" „Ja, so geht Leadgenerierung", bekräftigt Frank.

Am Ende des Tages blickt Helen zufrieden auf das Ergebnis. „Wir haben ein gutes Downloadangebot und eine perfekt funktionierende Landingpage. Jetzt müssen wir noch überlegen, wie wir Leute auf diese Seite bekommen, damit wir dann mit der Leadgenerierung erfolgreich sind." „Wie wäre es mit Google Adwords?", fragt Frank. „Wir zahlen ja nur, wenn jemand klickt. Wenn wir beim Suchwort ‚Einbruchschutz' inserieren, können wir im Monat 10.000 Menschen erreichen. Und wenn tausend Leute klicken, zahlen wir pro Klick rund einen Euro. Davon werden bestimmt 20 Prozent unseren Download anfordern, weil der ja wirklich gut zum Thema passt. Dann haben wir 200 Leads für 1.000 Euro – das sind pro Lead gerade einmal 5 Euro." „Das ist doch super!" Frank kann seine Begeisterung für diesen günstigen Weg der Leadgenerierung kaum unterdrücken.

Helen überlegt und stimmt schließlich zu. „Wenn wir nur 20 Leads damit machen, sind wir mit 50 Euro pro Lead immer noch günstig. So machen wir das."

Die Kampagne startete am 20. Mai und brachte gleich in den ersten Tagen einige Leads. Begeistert reichte Helen die Leads jeden Tag an den Vertrieb weiter; verbunden mit der Aufforderung, diesen Leads nachzugehen. Nach zwei Wochen und 40 Leads fragte sie bei ihrem Kollegen Ralf Möller, dem Vertriebsleiter einmal nach, wie es denn mit der weiteren Leadbearbeitung laufe. Möller gab sich ahnungslos: „Keine Ahnung, ich geb das ins Team weiter und die kümmern sich drum. Abschlüsse haben wir jedenfalls noch keine gemacht, das hätte ich mitbekommen", wies er Helens Anfrage ab.

Ralf

ist Vertriebsleiter und lässt die ambitionierte Helen scheitern.

Mit dem guten Gefühl, dass das Leadmanagement bei AUF-ZU nun bereits nach wenigen Wochen auf einem guten Weg war, rief sie Hornegger an und bat um einen gemeinsamen Termin. Den Termin, der ihre Erfolgsgeschichte innerhalb von wenigen Minuten zu einer Geschichte des Scheiterns machen sollte.

Es geht weiter
Nach dem Aufstehen macht sich Helen auf die Suche nach Lösungen: Sie hat eine Woche Zeit, ein Konzept für die Einführung eines tragfähigen Leadmanagement-Konzepts vorzulegen. Bei einer Internetrecherche findet sie neben den Software-Anbietern einige Agenturen, die sich auf die Einführung eben jener teuren Softwarelösungen spezialisiert haben. Aber keine erweckt bei ihr den Eindruck, dass sie eine echte Hilfe wäre. Zufällig stößt sie bei ihren Recherchen auf die Content Marketing Studie „Leadmanagement". Ein paar Klicks weiter liest sie interessiert, auf welchem Stand andere B2B-Unternehmen beim Leadmanagement sind.

Sie beschließt, sich mit den Autoren der Studie über die Erfolgsfaktoren auszutauschen. Beim morgendlichen Kaffee schickt sie eine E-Mail an die Agentur in Fürth bei Nürnberg. Nur Minuten später klingelt ihr Handy. Jens, der Agenturchef, lässt sich knapp ihre Situation schildern. „Das klingt nach einer IT-Investition ohne strategische Fundierung in der Organisation", lautet wenig später seine Einschätzung. „Aber, trösten Sie sich, Helen, das ist der Regelfall und nicht die Ausnahme."

Im Gespräch erörtern sie gemeinsam einige Punkte, die Helen mit ihrem Team falsch gemacht hat. Es fehlt eine gemeinsame Vision von Vertrieb und Marketing, die Buyer Personas sind nicht definiert – Helen hat bis zu diesem Telefonat noch nie etwas von dem Buyer-Persona-Konzept gehört –, der Content ist für diese Zielpersonen daher auch nicht relevant.

Das sind die ersten Erkenntnisse, die Helen aus dem Telefonat mitnimmt.

Sie verabredet sich mit Jens zu einem Workshop in der Agentur. Ziel ist, an einem Tag die Fehler herauszuarbeiten und eine klare Roadmap für eine erfolgreiche Einführung von Leadmanagement zu beschreiben. Sie fährt kurz ins Büro, um ihre konzeptionellen Gedanken und das in der Kampagne entstandene Material mitzunehmen. Dann setzt sie sich ins Auto und fährt gen Süden, um am kommenden Tag früh und ausgeruht zum Workshop zu starten.

Sie schläft schlecht in der nächsten Nacht. Beim Frühstück im Hotel ist sie die Erste. Wenig später sitzt sie mit Jens und seinen Kollegen zusammen. Schonungslos decken die Berater die Fehler auf und nach einer knappen Stunde unterbricht Jens: „Ok, ich glaube, wir haben jetzt ein gutes Bild darüber, was Sie gemacht haben und was schiefgelaufen ist. Richten wir den Blick nach vorne. Das ist unser Arbeitsprogramm für die kommenden Stunden und Ihr Projekt für die kommenden Wochen und Monate." Er nimmt einen Stift und schreibt auf das Flipchart:

Der Konzeptionsprozess
1. Bestandsaufnahme technischer und organisatorischer Grundlagen, Vision erarbeiten.
2. Buyer Persona entwickeln.
3. Content passend zum Entscheidungsprozess schaffen.
4. Reichweite erzeugen.
5. Nurturing: Leads zu Kunden entwickeln.
6. Marketing IT.
7. Evaluation: Messen und Managen.

Punkt für Punkt gehen die Berater anschließend mit Helen diesen Projektplan durch: „Es geht um eine präzise und detaillierte Projektplanung und viel Flexibilität", umreißt Jens. „Sobald ihr in die Phase der Content-Produktion einsteigt,

Jens
*entwickelt Leadmanagement-
Konzepte und setzt sie um.*

werdet ihr agil arbeiten. Ihr werdet euch erreichbare Ziele setzen, werdet auf Quick wins fokussieren und Schritt für Schritt euer Leadmanagement professionalisieren."

„Na, mit der Ansage, dass wir Learning by Doing machen, muss ich mich nicht wieder in der Firma blicken lassen", zweifelt Helen. „Nein, ihr habt ein klares Ziel und einen Masterplan. Aber ihr werdet euch auch die Flexibilität herausnehmen, aus Fehlern zu lernen und nicht streng an eurem Plan zu hängen. Aber das Instrumentarium agiler Arbeit im Projekt können wir gerne gemeinsam bei AUFZU entwickeln und einführen", beruhigt Jens. Helen raucht der Kopf. „Und wir haben mit der Marketing-IT angefangen. Also den sechsten Schritt vor den ersten fünf gemacht", stellt sie kopfschüttelnd fest. „Und was verbirgt sich hinter den Begriffen Buyer Persona oder Nurturing? Das habe ich ja noch nie gehört", offenbart sie bereitwillig ihre Ahnungslosigkeit. Sie klären die offenen Punkte und beginnen dann mit der konzeptionellen Arbeit.

„Jedes Unternehmen ist anders. Daher gibt es auch zunächst keine allgemeingültige Strategie für das Leadmanagement", erklärt Jens. „Wir schauen uns daher zuerst eine ganze Reihe von Punkten an: Gibt es einen Vertriebsprozess? Wie viele Leads will der Vertrieb haben? Wie viele Leads kann der Vertrieb in seiner jetzigen Struktur maximal bearbeiten? Welche Qualität sollen die Leads haben?" „Na, die wollen doch am liebsten solche, bei denen sie nur noch zur Vertragsunterschrift hinmüssen", wirft Helen ein. Jens lächelt und fährt unbeirrt fort: „Das bringt mich zum nächsten Punkt: Wie arbeiten Vertrieb und Marketing zusammen – rein formal auf der Ebene der Organisationsstruktur aber auch ganz praktisch im Alltag? Welche IT-Systeme werden eingesetzt? Gibt es ein CRM-System? Wer produziert denn heute schon Content im Unternehmen? Was ist eigentlich ein Lead? Welche Begriffe existieren dazu im Unternehmen? Und welche Anforderungen stellt der Datenschutzbeauftragte?"

Helen

ist schließlich mit ihrem Leadmanagement-Programm erfolgreich.

Helen zuckt zusammen. „Der Datenschutzbeauftragte?", fragt sie. „Klar", lacht Jens. „Wenn ihr personenbezogene Daten über eure Website erfasst, speichert und verarbeitet, muss der schon ein Wörtchen mitreden." „Aber wir nutzen doch nur diese Standard-Software", wirft Helen ein. „Ja, aber verantwortlich für die Daten seid ihr selbst. Beliebte Frage an diese Software-Anbieter ist immer, wie die sicherstellen, dass Daten im Land bleiben und nicht in der Cloud auf Servern im Ausland landen. Und darum kümmert sich im Projekt dann der Datenschutzbeauftragte. Nach Sales und Marketing ist das sicherlich die drittwichtigste Person im Projekt." Langsam realisiert Helen, dass noch eine Menge Arbeit vor ihr liegt, bevor sie wirklich von einem erfolgreichen Leadmanagement-Projekt sprechen kann.

Am Abend fährt sie erschöpft aber glücklich wieder nach Hause. Die nächsten Tage verwendet sie darauf, einen verfeinerten Zeitplan zu den sieben Projektschritten zu verfassen, hinter den Kulissen ein informelles Gespräch mit Walter Bronski, dem Datenschutzbeauftragten der AUFZU AG, zu führen und ihre Präsentation für Hornegger vorzubereiten. Sie hat das gute Gefühl, dass sie mit der Unterstützung von Jens und seinem erfahrenen Team, nicht noch einmal eine solche Demütigung im Leadmanagement-Projekt erleben muss.

Drücken Sie die Eins

Beschwingt lässt Hornegger die Fahrertür zufallen. Er freut sich auf einen spannenden Kongresstag zum Thema Kundenservice 4.0. Selten besucht er solche Veranstaltungen, aber diesmal hält der Vertriebs- und Marketingvorstand der AUFZU AG selbst einen Vortrag zum Thema Kundenbindung im B2B.

Aus dem Augenwinkel bemerkt er einen silbergrauen Maserati, der langsam suchend auf dem Parkplatz herumfährt. Interessiert blickt er hinter dem Wagen her, der gerade einparkt. Ein etwas untersetzter Mittfünfziger steigt aus, sieht Hornegger und ruft „Reimund, das ist ja großartig. Ich bin ja eigentlich nur hier, um Deinen Vortrag zu hören." Hornegger freut sich. Seinen alten Studienfreund Joachim hat er seit vielen Jahren nicht mehr gesehen. Auf dem Weg in die Kongress-Räume bringen sie sich gegenseitig auf den neusten Stand. Joachim hat eine gutgehende kieferorthopädische Praxis und einen Versandhändler für Dental-Zubehör aufgebaut. „Die Praxis ist Hobby, der Versandhandel bringt Geld", erzählt er lachend. Und dann zieht er Reimund auf: „Ich bin ja mal gespannt, was du zu Kundenbindung zu sagen hast. Hast Du mal bei Euch eine Kundenhotline angerufen? Wenn ich so einen Telefonautomaten in meiner Praxis einsetzen würde, hätte ich bald keine Patienten mehr!"

„Was ist passiert?" fragt Reimund und seine gute Laune schwindet langsam dahin. Der Tag hatte so gut begonnen und schon der erste Kontakt auf dem Kongress vermiest seine Laune. Joachim beginnt zu erzählen: „Na, Du rufst an, dann kommt dieser Automat und fragt Dich, ob Du etwas bestellen willst, ob Du ein Industrietor-Kunde bist oder ob du Privatkunde bist. Dann sollst du aus einer Reihe von Tortypen – ich kann mich nur an Schwingtor und Sektionaltor erinnern

– auswählen, was du für ein Tor hast. Ich habe dann ehrlich gesagt aufgegeben und meine Sekretärin bei euch anrufen lassen. Keine Ahnung, was die gemacht hat, jedenfalls wusste sie irgendwann, wie ich bei meinem neuen Schätzchen da die Torsteuerung einstellen musste, dass der Maserati sich mit eurem Tor versteht."

Hornegger schluckt. Die IVR. Das war eines seiner ersten Projekte bei AUFZU gewesen. Also seine erste Prozessoptimierung, die er angestoßen hat. Denn so sehr er auch in seinem Gedächtnis kramt, er kann sich nicht daran erinnern, selbst schon einmal mit der IVR telefoniert zu haben. Er beschließt, der Sache auf den Grund zu gehen, verabschiedet sich kurz vor dem ersten Vortrag von Joachim und wählt selbst einmal die Hotline-Nummer von AUFZU.

„Herzlich Willkommen bei der AUFZU AG", begrüßt ihn das System. „Für die Geschäftskundenhotline wählen Sie bitte die 1. Für die Privatkundenhotline wählen Sie bitte die 2. Für alle anderen Abteilungen wählen Sie bitte die 0." Er drückt die 2. „Für Bestellungen drücken Sie bitte die 1. Für Fragen zu einem Auftrag drücken Sie bitte die 3. Für Reparaturen und Ersatzteile drücken Sie bitte die 4. " Er drückt die 4. „Für Sektionaltore drücken Sie die 1. Für Schwingtore drücken Sie die 2. Für Rolltore drücken Sie die 3. Für Automatiktore drücken Sie die 4. Für Flügeltore drücken Sie die 5." Hornegger drückt die 4. „Wenn Sie eine Seriennummer zur Hand haben, drücken Sie bitte die 1. Wenn Sie keine Seriennummer zur Hand haben, drücken Sie bitte die 2." Hornegger tippt auf die 2. „Für das Modell GT-03 drücken Sie die 1. Für das Modell GT-04 drücken Sie die 2. Für das Modell..." Hornegger legt auf und begreift. Die IVR hätte nun jedes einzelne Automatiktor-Modell aus dem Privatkundenbereich abgefragt.

„Hm, das macht jetzt nur schlechte Laune", brummt er vor sich hin und nimmt sich vor, seiner IT gleich einmal eine Mail zu schicken. Er setzt sich im Vortragssaal in die letzte

Joachim
ist ein kritischer Kunde von AUFZU
und deckt Missstände auf.

Reihe und beginnt mit der E-Mail an Walter, den IT-Leiter von AUFZU. „Hallo Herr Bronski, können wir uns übermorgen einmal zum Thema IVR zusammensetzen. Die ist ja ganz fürchterlich.... Gruß RH."

Wenige Minuten später ist auch schon die Antwort von Walter Bronski da: „Können wir gerne drüber reden. Aber unser Thema ist das nicht. Muss Kundenservice regeln." Horneggers Ärger wird langsam immer größer: Wenn seine Fachabteilungen sich gegenseitig den schwarzen Peter zuschieben, ist seine Geduld schnell zu Ende. Er öffnet den Kalender auf seinem Smartphone und schickt eine Termineinladung an seine Marketingleiterin Helen, Walter Bronski und Robert, seinen Servicecenter-Leiter.

Dann konzentriert er sich auf die Vorträge.

Zwei Tage später sitzen die Protagonisten der AUFZU-IVR vor ihm: Helen, Walter und Robert. „Leute, habt ihr mal bei der Hotline angerufen?", will Hornegger wissen. Alle drei nicken. Walter meldet sich gleich zu Wort: „Herr Hornegger, wir hosten die IVR bei uns im Unternehmen zwar, aber haben keinen Einfluss auf die Funktionsweise." Robert ergänzt: „Die IVR wurde damals eingeführt und seitdem hat sich niemand damit beschäftigt. Das Routing funktioniert aus unserer Sicht gut – wer bei den Kolleginnen und Kollegen am Telefon rauskommt, hat seinen Servicefall soweit vorqualifiziert, dass wir gut damit arbeiten können." „Und haben Sie Zahlen für mich, wer gar nicht bei Ihnen rauskommt, weil er vorher schon entnervt aufgelegt hat?", fährt Hornegger Robert recht unfreundlich an. Robert wird rot. Er hat mit der Frage gerechnet, konnte aber keine validen Daten aus der IVR herausziehen. „Diese Daten haben wir leider nicht, aber unsere Erreichbarkeit ist im Rahmen unserer Ziele", sagt er kleinlaut.

„Hey, lasst uns doch nicht nach den Ursachen suchen", wirft Helen ein. „Ich habe mir die IVR heute zum ersten Mal an-

Helen
weiß, dass die IVR ein wichtiger Teil der Customer Journey ist.

gehört und hab mir mal überlegt, wann ich denn als Kunde bei uns anrufen würde. Und ich glaube, da gibt es noch viele Schätze, die wir heben können." Hornegger nickt. Die Diskussion wird wieder sachlicher. „Genau, Helen", pflichtet er ihr bei. Er erzählt von seinem Erlebnis mit Joachim und versucht die Runde dafür zu begeistern, die IVR als aktiven Teil der Customer Journey mit genauso viel Hinwendung und Akribie zu betrachten, wie andere Touchpoints. „Schließlich haben wir uns bei AUFZU eine perfekte Customer Experience auf die Fahnen geschrieben", schließt er seinen Bericht.

„Nachdem ich mir ja schon denken konnte, dass die IVR nicht so bleiben wird, habe ich einmal bei einigen Kundendialog-Kollegen in der Branche rumgefragt. Die haben mir einen Spezialisten aus Erlangen empfohlen. Soll ich da mal anrufen?", fragt Robert in die Runde? „Naja, vielleicht sollten wir uns vor der Technologie-Auswahl erstmal überlegen, was die IVR eigentlich leisten soll", wirft Helen ein. „Ja genau und dazu hätte ich gerne jemanden am Tisch sitzen, der die Möglichkeiten einfach viel besser einschätzen kann, als wir das können", sagt Robert und blickt zu Hornegger. Der nickt: „Ja, laden Sie doch einmal einen Berater von denen ein."

Drei Tage später sitzt die Runde wieder zusammen. Aus Erlangen ist Dr. Martin Schröder dabei. Der Sympalog-Geschäftsführer hat Robert am Telefon schon bestätigt, dass der Fall der AUFZU AG kein Einzelfall ist, sondern die Regel. Jetzt lobt er Hornegger dafür, dass das Team aus Marketing, IT und Servicecenter besteht. „Die wichtigsten Akteure sitzen an einem Tisch. Das ist die Voraussetzung dafür, dass die IVR später den Kundendialog wirklich optimiert und auf die Kundenzufriedenheit einzahlt", sagt er. Und dann beginnt er gemeinsam mit dem Team die verschiedenen Servicefälle aufzuschreiben, in denen die IVR entweder qualifizieren soll oder gar fallabschließend beauskunften soll. Dabei geht er nach dem Lebenslagen-Konzept vor: die IVR bildet die unterschiedlichen Lebenslagen des Kunden ab.

Schröders Idee ist, die IVR mit dem CRM zu verbinden. Einerseits kann so der Kunde identifiziert werden und muss sich nur noch durch die Anliegen hindurchnavigieren, die ihn auch tatsächlich betreffen könnten. Und zum anderen kann die IVR auch Liefer-Informationen aus dem CRM beziehen und solche einfachen Auskünfte automatisiert bearbeiten. Anschließend ist Helen gefragt: „Wir werden das Wording der Marketingkommunikation und die Wortwahl der IVR exakt aufeinander abstimmen. Wenn wir in Broschüren und Anleitungen vom Handsender sprechen, muss auch die IVR mit dem Begriff arbeiten und nicht Begriffe wie Fernsteuerung oder Transmitter einsetzen", erklärt Schröder.

Am Ende des Tages hat das Team einen ersten, detaillierten Plan für die neue IVR erstellt. „Soll es bei der DTMF-Steuerung per Tastendruck bleiben?", will Schröder wissen. Hornegger interveniert sofort: „Auf gar keinen Fall. Ich bin sehr dafür, dass die IVR gesprochene Sprache beherrschen soll, wie das doch heute schon Standard ist." Schröder nickt. Er verlässt die AUFZU AG mit einem klaren Anforderungskatalog an die neue IVR.

Wenige Wochen später ist eine neue Lösung in der Testphase im Einsatz. Das Team testet ausführlich und hat sich zu einem Status-Treffen verabredet. „Wir sind auf einem guten Weg", freut sich Hornegger schon bei der Begrüßung. Die anderen nicken und stimmen Hornegger zu. „Ich würde dann heute noch gerne über die Kennzahlen mit Ihnen sprechen", sagt Schröder. „Wir haben ja beim ersten Gespräch schon darüber gesprochen, dass Sie eigentlich keine Ahnung hatten, wie der Anrufer die IVR erlebt und was sozusagen hinter den Kulissen passiert. Das wird sich jetzt ändern." Er präsentiert einen Kennzahlen-Rahmen, der Robert und seinen Teamleitern des Servicecenters künftig ein klares Bild über das Verhalten der Anrufer in der IVR gibt: Es wird aufgezeichnet, welche Optionen wie häufig gewählt werden, welche wieder-

Martin

entwickelt mit seinem Unternehmen IVRs, die auf die Kundenzufriedenheit einzahlen.

holt werden, wie hoch der Anteil der richtig und der Anteil der falsch verbundenen Anrufer ist. „Wenn Sie zum Beispiel feststellen, dass ganz viele Anrufer immer gleich die erste Option auswählen ohne die anderen Optionen anzuhören, können Sie feststellen, dass wir bei der Formulierung der Option nacharbeiten müssen. Sie ist dann häufig zu allgemein formuliert", berichtet er aus der Praxis.

Kurz darauf ist das neue System im Alltagseinsatz: Robert hat sein Team sensibilisiert, darauf zu achten, ob sich die Zahl der Beschwerden über die IVR, die den Mitarbeitern am Telefon gegenüber geäußert werden, verändert. Schon nach den ersten 48 Stunden fällt die Resonanz seines Teams deutlich positiv aus. Spürbar weniger Anrufer sind falsch vermittelt worden und es gab kaum negative Äußerungen zum Dialog mit der IVR.

Drei Wochen später: Der Maserati auf dem Parkplatz seines Golfplatzes fällt Hornegger gleich ins Auge. Auch diesmal freut sich Hornegger wieder auf Joachim. Sie haben sich zu einer Partie Golf verabredet – auf Horneggers Initiative hin. Er will sich mit dem Studienfreund nicht nur auf dem Platz messen, sondern auch stolz die Niederlage vom letzten Treffen wettmachen. Er berichtet von dem unlängst durchgeführten Projekt und lässt Joachim gleich bei AUFZU anrufen. Joachim legt nach wenigen Minuten auf und klopft Reimund Hornegger anerkennend auf die Schulter: „So geht Kundenservice, mein Lieber!" Und Hornegger erzählt begeistert, welche Pläne sein Team noch für die Zukunft hat: „Das Stichwort heißt Multimodaler Dialog", sagt er und berichtet, wie in der Zukunft Apps in die Dialogführung der IVR eingebunden werden können. Der Kunde wird künftig während des Dialogs mit der IVR sein Ersatzteil in der App angezeigt bekommen und kann es mit einem Knopfdruck in der App auswählen. „Damit sind wir dann in ein paar Monaten nicht mehr nur State-of-the-Art, sondern ganz vorne dran", freut sich Hornegger. „Das ist Kundenservice 4.0!"

Chaos, Wetter, Eimer und Ventile

Fassungslos schaut Robert den Wetterbericht nach den Abendnachrichten: Ein Blizzard in Deutschland. Der von den Meteorologen berechnete Weg folgt der A7 von Hamburg nach Ulm. Temperaturen von minus 25 Grad und Windstärken in Orkanstärke und bis zu einem Meter Neuschnee. Robert wird schlecht: entlang der Autobahn liegen zahlreiche große Logistik-Standorte, deren LKW-Docks noch mit den Industrietoren der ersten und zweiten Generation ausgerüstet sind – nicht gemacht für diese extremen Wetterlagen. Das bedeutet Techniker-Einsätze über mehrere Tage, Elektronik-Ausfälle, Ersatzteil-Knappheit und jede Menge verärgerter Kunden. Kurz: viel Arbeit für den Leiter der Servicecenter des Torherstellers AUFZU AG.

Hektisch schickt er eine E-Mail an seine Teamleiter, dass ab sofort eine Urlaubssperre gelte, im Urlaub befindliche Mitarbeiter nach Möglichkeit unverzüglich zurückbeordert werden und am nächsten Morgen um 5.30 Uhr die erste Lagebesprechung im Büro stattfinde. Wenn um 6.00 Uhr die deutsche Industrie mit der Arbeit beginnt, wird das Telefon nicht mehr stillstehen. Robert geht früh ins Bett, der nächste Tag verspricht anstrengend zu werden.

Der folgende Morgen hält, was der Wetterbericht versprochen hat. Robert braucht eine Stunde, um sich durch die Schneemassen den Weg in die Firma zu bahnen. Zum Glück wohnt er nur wenige Kilometer entfernt – normalerweise ein Fußweg von 20 Minuten. Der Tag verläuft wie erwartet: Schlechte Erreichbarkeit am Vormittag, weil Mitarbeiter den Weg in die Firma nicht rechtzeitig geschafft haben. Gleichzeitig extrem hohes Call-Aufkommen, sehr viele Faxe und dann auch noch diese E-Mail Flut! Hatten Kunden am Vormittag noch Verständnis, weil das Wetterchaos allgegenwärtig war, wich das Verständnis am Nachmittag mehr und mehr der Wut: An vielen Stellen im Land versagten Elektronik-Bauteile für die Tor-Steuerung ihren Dienst, Techniker-Termine wurden mittlerweile mit einem Vorlauf von zehn Tagen vergeben und Ersatzteile waren gegen 17.00 Uhr bereits so knapp, dass nicht sichergestellt war, dass die Techniker überhaupt ihre Arbeit verrichten konnten. Hinzu kamen nett gemeinte Hilfsangebote der Service-Kollegen aus dem benachbarten Österreich, das von dem Blizzard verschont wurde.

Am Abend zog Robert Bilanz: Achtfaches Call-Aufkommen, Hunderte Techniker-Termine für die nächsten Wochen, die nicht einmal in logischen Routen geplant worden waren, keine Verfügbarkeit mehr der fünf wesentlichen Ersatzteile und keine Information darüber, wann diese Teile wieder lagernd wären. Robert bemerkte, dass er den ganzen Tag noch nichts gegessen hatte und beschloss, den Chaos-Tag in seiner Lieblingspizzeria mit einem kräftigen Rotwein zu beenden.

Die Pizzeria lag auf dem Heimweg. Er zog sich seine Mütze tief in die Stirn und machte sich auf den Weg – es hatte den ganzen Tag hindurch geschneit. Nur vereinzelt waren noch Autos auf der Straße.

Beim Betreten des Restaurants sah er, dass auch sein direkter Vorgesetzter, Reimund Hornegger, der für Marketing und Vertrieb zuständige Vorstand der AUFZU AG, die Pizzeria für das Abendessen ausgewählt hatte. Robert grüßt und will sich auf der anderen Seite des Raumes einen Tisch suchen, als Hornegger ihn zu sich winkt. „Kommen Sie Robert, setzen Sie sich", winkt er einladend. „Danke, Herr Hornegger", sagt Robert und setzt sich an den Tisch.

„Wie war ihr Tag?", will Hornegger wissen. Robert zögert. Soll

er die Wahrheit über das Chaos berichten oder lieber abwiegeln. Hornegger bemerkt das Zögern und setzt nach: „Sie sind völlig fertig, nicht wahr? Ich kann mir vorstellen, dass Sie und Ihr Team heute alle Hände voll zu tun hatten." Er winkt den Kellner herbei, bestellt eine Flasche Rotwein und fragt Robert, was er essen wolle. Robert bestellt eine Pizza.

Beim Essen beginnt Robert langsam zu erzählen. Hornegger hört aufmerksam zu. Als er schließlich das gesamte Chaos umrissen hat, schüttelt er den Kopf. „Wir stellen die besten Tore auf dem Markt her, sind bei der Vernetzung und intelligenten Steuerung unserer Produkte führend und schaffen es nicht einmal, unsere eigenen Systeme so zu vernetzen, dass wir mit einem Schneesturm klarkommen." Nachdenklich setzen sie beiden das gemeinsame Essen fort.

Nach einigen Wochen ist der größte Rückstau in der Fallbearbeitung aufgelöst, das Servicecenter arbeitet wieder weitgehend normal. Robert hat in freien Minuten immer wieder darüber nachgedacht, wie sich eine solche Situation künftig vermeiden ließe. Letztlich müsse eine Software alle Informationen aus ERP-, CRM- und Callcenter-Lösung inklusive der Personaleinsatzplanung so integriert bereitstellen, dass mit wenigen Weichenstellungen ein Notfallplan ausgelöst würde. Da könnte man sogar das automatische Routen des Überlaufs in andere Abteilungen der Verwaltung oder zum österreichischen Standort hinterlegen. So könnte man wenigstens die Erreichbarkeit sicherstellen. Robert beschließt, Hornegger ein solches Projekt vorzuschlagen. Schließlich war es der Vorstand, der die mangelnde Vorbereitung des Unternehmens selbst festgestellt hat. Er lässt sich sofort einen Termin beim Vorstand geben.

„Hallo Robert", begrüßt Hornegger ihn freundlich. „Haben Sie sich von dem Blizzard wieder erholt?" „Deswegen bin ich hier", fällt Robert gleich mit der Tür ins Haus. „Ich habe über diese Episode nachgedacht. Wir sind nicht gut aufgestellt,

Hornegger
bringt ein Schneesturm zum Nachdenken.

Klaus
bietet eine Software für alle Geschäftsprozesse.

obwohl es dafür Lösungen auf dem Markt gibt." Hornegger schaut Robert neugierig an und bedeutet ihm, fortzufahren. „Wenn wir unsere Kommunikation, Lagerhaltung, Personaldisposition und das CRM integrieren, dann können wir in solchen Situationen einfach die Weichen stellen und die Kommunikationsflüsse entsprechend steuern", erklärt Robert. Hornegger nickt bestätigend: „Robert, ich habe dieselbe Idee auch schon gehabt. Und unser IT-Leiter Walter hat von mir den Auftrag, eine Lösung zu erarbeiten." Robert ist überrascht. Er hat nicht damit gerechnet, dass es so einfach wird. Hornegger greift zum Telefonhörer und fragt Walter, ob er einige Minuten Zeit für die beiden habe. Gemeinsam suchen sie Walter in der IT-Abteilung auf und tauschen sich über die Anforderungen des Integrationsprojekts aus.

„Wir haben heute einzelne Töpfe, das sind die Anwendungen. Und wenn wir Daten von einer zur anderen bringen wollen, nehmen wir einen Eimer und schöpfen", erklärt Walter. Z.B. haben wir einzelne Rufnummern von süddeutschen Kunden an unsere österreichischen Kollegen gemeldet, mit der Bitte diese zurückzurufen und mit den Ersatzteilen aus dem eigenen Lager rasch zu beliefern. „In der Zukunft brauchen wir ein Rohrleitungssystem und da müsst ihr, die ihr solche Situationen aufkommen seht, dann nur noch ein paar Ventile auf oder zudrehen und schon werden Calls automatisch nach Österreich umgeroutet, stehen Daten aus der Ersatzteilverfügbarkeit des ERP-Systems im CRM zur Verfügung und so weiter." Robert lacht: „Ja, sowas hätte ich gerne! Dann kann ich abends beim Wetterbericht schon das Krisenszenario einleiten und dann morgens ganz beruhigt durch den Schnee stapfen." „Ja, so ungefähr stelle ich mir das auch vor", pflichtet Hornegger bei: „Wen brauchen wir denn, um so eine Lösung bei uns einzuführen?"

„Bei meinen Recherchen bin ich auf ACHAT von authensis gestoßen", sagt Walter. „Das ist eine modulare Software Suite, mit der wir Kommunikationsprozesse und Geschäftsprozesse übereinander bringen – die Lösung läuft in allen Umgebungen, sollte also auch in unserer IT-Infrastruktur funktionieren." „Na, dann haben wir noch eine Herausforderung: Wir brauchen eine ordentliche RoI-Rechnung, damit wir unsere Kaufleute überzeugen", wendet Hornegger ein. „Wir haben nicht zuletzt wegen des Blizzards ein ziemlich schlechtes Quartal. Wenn ich meinen Vorstandskollegen jetzt mit einer riesigen Investition komme, stoße ich bestimmt nicht nur auf Begeisterung."

Walter nimmt den Auftrag mit, gemeinsam mit Robert und dem Software-Hersteller ein konkretes Szenario auszuarbeiten, um auch den Umfang der Software präzise bestimmen zu können. In mehreren Workshops werden die Anforderungen erarbeitet und ein detailliertes Pflichtenheft erstellt. Zur Abschluss-Präsentation empfängt der Hersteller Walter, Robert und Hornegger am Firmensitz in München. Doch die große Überraschung ist nicht die rasche Implementierung der Lösung, die der Technologie-Hersteller in seinem Projektplan vorstellt, sondern seine Bereitschaft das Budget über einen längeren Zeitraum zu strecken. Damit hat Hornegger auch das letzte Argument, um seine Vorstandskollegen von der Investition zu überzeugen.

Auf der abendlichen Zugfahrt von München nach Hause, herrscht bei den Dreien eine ausgelassene Stimmung: Walter freut sich auf sein Integrationsprojekt, mit dem die AUFZU sich an die Spitze im Wettbewerb setzt, Robert sieht den nächsten Schwankungen im Service gelassen entgegen und Hornegger ist schon gespannt, wie sich diese Investition auf die Kundenzufriedenheit auswirken wird.

Das gibt's doch nicht!

Die AUFZU AG gibt es nicht. Wirklich nicht! Aber wenn es diese AUFZU AG gäbe, hätte sie wahrscheinlich all diese Probleme und Herausforderungen, die in diesen Geschichten erzählt werden. Es wäre der Alltag, den Vertriebs-, Service- und Marketingverantwortliche in Unternehmen nun einmal erleben. Und genau das sollen die CCN-Stories beschreiben – unterhaltsam aber lösungsorientiert, manchmal witzig aber immer mit einem ernsten Hintergrund.

Die Lösungsanbieter und Berater aus diesen Geschichten gibt es sehr wohl. Sie sind so engagiert, flexibel und erfahren, wie sie hier beschrieben werden. Sie unterstützen, begleiten, coachen, liefern alles das, was in den CCN-Stories gebraucht wird. Und sie unterstützen auch Ihr Unternehmen mit der geballten Lösungskompetenz des Contact Center Network e.V. Den direkten Kontakt finden Sie auf den folgenden Seiten.

Weitere und neue Geschichten aus der AUFZU AG finden Sie unter: **www.ccn-stories.de**

Markus

Markus Grutzeck

Grutzeck-Software GmbH
Hessen-Homburg-Platz 1
63452 Hanau
Telefon: +49 6181 / 97010
www.grutzeck.de

Dominik

Dominik von Brietzke

ProCom-Bestmann e.K.
Hattenhäuser Weg 8
34311 Naumburg
Telefon +49 5625 / 9239700
www.procom-bestmann.de

Attikus

Attikus A. Schacht

Schacht Consulting
Keplerstr. 3/3
70771 Leinfelden-Echterdingen
Telefon: +49 151 / 15374308
www.schacht-consulting.de

Ayse

Ayse Nur Güzelce

onsoft technologies GmbH
Einsteinufer 63-65
10587 Berlin
Telefon: +49 30 / 3904080
www.onsoft.de

Christian

Christian Fingerhut

fingerhut consulting
Alfred-Schneider-Str. 13
06116 Halle (Saale)
Telefon +49 171 / 9902716
www.fingerhut-consulting.de

Jens

Jens Arnold

AR-SYSTEMS GmbH & Co. KG
Garbenheimer Straße 30
35578 Wetzlar
Telefon: +49 6441 / 20456810
www.ar-systems.de

Jens

Jens Fuderholz

TBN Public Relations GmbH
Fuchsstr. 58
90768 Fürth
Telefon: +49 911 / 9779160
www.tbnpr.de

Martin

Dr. Martin Schröder

Sympalog Voice Solutions GmbH
Am Weichselgarten 6
91058 Erlangen
Telefon +49 9131 / 616610
www.sympalog.de

Klaus

Klaus-J. Zschaage

authensis AG
Landsberger Str. 408
81241 München
Telefon: +49 89 / 7201570
www.authensis.de

www.ingramcontent.com/pod-product-compliance
Lightning Source LLC
Chambersburg PA
CBHW030902180526
45163CB00004B/1673